KB025434

이기는 프레임

추천의 글

—

"나는 언제나 레이코프에게서 많은 것을 배운다. 당신 역시 그럴 것이다."

조지 소로스

—

"《이기는 프레임》은 진보주의자들에게 귀중한 도구를 제공할 뿐 아니라, 더욱 중요하게도 우리의 망가진 정치를 개선하는 데 꼭 필요한 희망을 불어넣어 준다. 정치적 뇌의 지도를 그림으로써, 레이코프와 웨흘링은 민주당이 자신의 전망을 찾아갈 가장 확실한 길을 제시했다."

켄 쿡

전미환경운동연합[Environmental Working Group] 의장

—

"공화당은 가치를 제시한다. 민주당은 정책을 제시한다. 어떤 생각이 드는가? 가치가 흔히 이긴다. 정책이 더 인기 있을 때에도 말이다. 민주당이 자신의 기저 가치에 따라 말하(고 생각하)는 방법을 배워야 할 시간이다. 민주당은 그러한 가치로 인해 바로 민주당이 되는 것이니까. 미국인들은 그러한 가치를 공화당이 신봉하는 가치보다 더 폭넓게 공유한다. 여기 민주당의 사고와 말하기 전략에 필수적인 지침서가 있다. 이 책은 민주당원은 물론 책임 있는 모든 시민의 필독서이다."

로버트 라이시

캘리포니아 버클리대학교 공공정책학 교수, 《울분을 넘어서Beyond Outrage》의 지은이

—

"판세를 뒤집을 책이다. 이 책 덕택에 민주당은 자신의 언어를 되찾게 될 것이며 더 이상 공화당의 개념과 수사를 따라하지 않을 것이다."

다이앤 래비치

《생사의 기로에 선 위대한 미국 교육제도: 평가와 선택은 어떻게 교육을 좀먹는가?》의 지은이

—

"조지 레이코프는 언어가 정치에 영향을 미치는 방식을 누구보다 정확하게 이해하고 있다. 그는 이 탁월한 이해를 기꺼이 공유하고자 한다.

진보주의자들에게는 귀중한 선물이다. 특히 선거가 있는 해에는《이기는 프레임》을 필독해야 한다."

밥 에드거

커먼 코즈Common Cause 의장

—

"조지 레이코프는 진보 운동의 언어적 '제다이 마스터'이다.《이기는 프레임》은 미국인들이 필요로 하는 정책 변화를 이끌어내기 위해 우리가 무엇을 말해야 하는지를 알려준다."

밴 존스

《꿈을 다시 키워라Rebuild the Dream》의 지은이

—

"성가대에게만 설교한다면, 당신은《이기는 프레임》을 읽을 필요가 전혀 없다. 하지만 만일 당신에게 동의하지 않는 사람들에게 다가서고자 한다면, 이 책을 읽어라!"

조운 블레이즈

무브온Moveon.org 창시자

—

"통찰과 엄격함의 결합으로 레이코프와 웨흘링은 진보를 위해 하나의

시금석을 만들었다. 이 시금석 덕택에 진보의 개념은 온갖 배경과 신념을 지닌 미국인들에게 반향을 일으키는 아주 중요한 인간적 가치가 된다."

마이클 브룬

시에라 클럽Sierra Club 상임이사

—

"레이코프와 웨흘링의 《이기는 프레임》은 민주당과 진보에게 귀중한 선물이다. 이 선물은 '서로 보살피라'와 '우리의 공동체를 보호하라'라는 민주주의 가치를 지닌 도덕적 언어를 사용하여 우리에게 영감을 준다. 오바마 대통령을 비롯한 우리의 지도자들은 더 이상 우익의 덫에 빠져 우익의 언어와 프레임을 반복해서는 안 된다. 진보의 전망이 우익의 전망보다 훨씬 낫다. 이 책을 읽고 레이코프와 웨흘링에게서 배우라, 우리 모두에게 가치 있고 우리 모두가 원하는 미래를 위해 어떻게 소통하는 것이 최선인지를."

돈 헤이즌

얼터넷AlterNet.org 편집위원장

이기는 프레임

진보적으로 생각하고 말하는 방법

조지 레이코프·엘리자베스 웨흘링 지음 | 나익주 옮김

생각
정원

이 책을 읽기 전에 013

머리말 ‘이기는’ 프레임이 중요하다 017

I 프레임의 기본 원리들

정치와 도덕 모든 정치는 도덕적이다 035

가치 같은 이슈, 다른 생각 041

상대성 진보와 보수, 문제는 해석이야! 056

정치적 뇌 진보가 보수에게 당하는 결정적 이유 062

언어 가치는 사실이나 숫자보다 강하다 075

II 극단적 보수주의의 민낯

극단성 인간의 권리와 존엄을 빼앗는 전염병 091

훈육 엄격한 아버지 모형이 부르는 대재앙의 정책 096

공격과 통제 극단적 보수주의의 네 가지 해악 100

III 이기는 프레임을 짜는 핵심 개념들

민주주의 민주주의를 계속 유지하라 113

공공성 사적인 것보다 공적인 것이 우선한다 119

국가권력 기업권력과 보수의 카르텔을 비판하라 125

자유 시장 기업이 우리의 삶을 지배한다 132

민영화 고삐 풀린 민영화는 약탈이다 141

노동 노동자는 기업의 이익 창출자이다 152

교육 교육은 모두의 권리이자 자유의 파수꾼이다 158

식량 국가 지원금이 유해 식품 생산에 쓰이고 있다 164

자원개발 석유 개발 회사의 비용을 시민에게 떠넘기지 말라 175

에너지 지속 가능한 에너지 개발의 필요성을 강조하라 188

IV 진보적으로 생각하고 말하기 위한 언어들

경제와 공공성 공공성의 의미를 부각하는 언어들 199

가정의 자유 남성 지배의 틀을 깨는 언어들 220

사회적 진화론 경쟁과 탐욕을 넘어서는 언어들 227

후기 236

감사의 글 237

옮긴이의 말 '작은 정부'는 '기업에 의한 통치' 239

후주 263

일러두기

1. 이 책의 각주는 모두 번역자의 주석이며 후주는 원저자의 주석이다.
2. 원서에서 이탤릭체로 표기한 것은 고딕체로, 볼드체로 강조한 것은 푸른색 글자로 표기했다.
3. 인지언어학에서 구미의 개념적 은유 이론 연구자들은 개념이나 개념적 은유를 작은 대문자로 표기하는 반면 한국의 인지언어학자들은 주로 대괄호에 넣어 표기하는 관행을 따라, 이 책에서도 개념이나 개념적 은유를 대괄호에 넣어 표기한다.

이 책을 읽기 전에

이 책은 민주당이 현재의 정치에 즉각 활용하길 바라며 쓴 안내서이다. 우리의 논의는 여론조사와 초점 집단, 전문가 의견을 넘어선다. 즉 이 논의는 과학에 근거하며, 아주 많은 양은 아니지만 상당한 과학적 배경지식이 필요하다.

사람들이 말하는 내용과 행동하는 방식은 그들의 사고방식에 의존한다. 정치 전문가들은 언어와 행동에 접근할 수는 있지만 사고에는 접근할 수 없다. 이 때문에 '대중이 무엇을 생각하는가'와 '무엇 때문에 여론이 바뀔 것인가'에 대해 흔히들 피상적이거나 그릇된 분석을 내놓는다. 인지과학과 뇌과학은 사고의 대부분(거의 98퍼센트)이 무의식적이라는 사실을 밝혀냈다.[1] 우리의 뇌에서는 아주 많은 일이 일어나고 있으며 우리는 그러한 일에 직접 접근할 수 없다.

우리가 직접 볼 수 없는 그것은 우리에게 의미 있는 것과 우리가 사유하는 방식의 아주 많은 부분을 결정한다.[2] 무의식적 부류로서 실제 이성이 활용하는 논리는 정치학·경제학·법학·정책학에서 보통 가르치는 것과 아주 다르다. 이들 분야의 교육을 받은 민주당 관계자들과 지지자들•은 대개 실제 사고의 기제, 즉 인지적 틀이나 개념적 은유 등의 현상을 특징짓는 신경 과정에 대해 배운 적이 없다.[3] 특히 정치에서 이러한 신경 과정은 보수와 진보가 상당히 다를 수 있다. 그들의 가치와 사고 양식이 다르기 때문이다.

언어는 이러한 심층의 사고 양식을 사용한다. 뇌에서는 낱말을 뇌 기제의 측면에서 정의하지, 절대로 외부세계의 조건에 따라 정의하지 않는다.[4] 낱말과 세계의 연결은 뇌를 통해 이루어지며 주로 무의식적인 기제를 사용한다.

정치 지도자와 정책 입안자, 특히 진보주의자와 민주당 내 지도

• '민주당 관계자들과 민주당 지지자들'은 Democrats의 번역어이다. Democrats는 문자적으로 '민주당원'이나 '민주당 지지자' '민주주의자'를 가리키지만, 맥락에 따라 '민주당원' '민주당원과 민주당 지지자' '민주당 관계자'라고 번역하거나 환유적으로 '민주당'이라고 번역했다. 미국에서 '민주당'은 서민을 대변하고 세금 인상과 복지 강화를 주창한다는 점에서 공화당에 비해 진보적인 정당이기 때문에, 한국어판 독자들은 Democrats의 번역어인 '민주당'이나 '민주당 관계자들' '민주당 지지자들'을 '진보주의자'나 '(새누리당에 비해) 상대적으로 진보적인 정당들'이라는 의미로 이해해도 될 것이다.

자 및 입안자는 대부분 이 과학에 주목하지 않는다. 이들은 사람들이 무엇을 생각하는지를 언제나 의식적으로 자각하며 낱말을 세계의 측면에서 직접 정의한다고 배웠고, 여전히 그렇게 믿고 있다. 이들은 흔히 모든 사람의 사유 방식이 동일하기 때문에, 사실을 정확하게 말해주기만 하면 사람들 대부분이 추론을 통해 올바른 결론에 이를 것이라고 믿는다. 하지만 이것은 과학적으로 참이 아니므로, 이런 일은 계속 일어나지 않는다.

다행히 지금까지 개발된 다양한 기술 덕택에 이제 우리는 사고의 몇몇 중요한 국면을 파악할 수 있다. 이 책이 끝날 때까지 우리는 이러한 기교를 암묵적으로 활용할 것이다.

우리가 말하고자 하는 핵심은 간단하다. 메시지 전달은 사고와 관련된 것이지, 결코 언어만의 문제가 아니다. 바른 언어를 얻고자 한다면, 먼저 언어가 불러내는 사고를 이해해야 한다.

'이기는' 프레임이 중요하다

우리 시대의 핵심적 쟁점은 이 나라가 '어떤 나라인가'와 '어떤 나라이어야 하는가', 즉 어떤 도덕체계가 우리를 지배해야 하는가이다. 우선 우리는 모든 정치가 다 도덕적이라는 점을 이해해야 한다. 즉 모든 정치 지도자는 자신들이 권장하는 일이 옳기 때문에 우리에게 그것을 행해야 한다고 말하는 것이지, 옳지 않거나 중요하지 않은데도 그 일을 행하라고 말하지 않는다. 그리고 오늘날 무엇이 옳고 무엇이 그른가에 대한 아주 다른 두 관점이 우리의 정치를 지배하고 있다.

진보적인 견해는 주로 민주당이 지지한다. 이 견해에 따르면, 민주주의는 서로를 보살피고 자신과 타인에 대한 책임을 다하는 시민들에 의존한다. 바로 여기서 '정부는 모든 국민을 똑같이 보호하고 모든 국민의 동등한 역량강화를 도모해야 할 도덕적 임무를 지닌다'는 견해가 나온다. 이 임무는 이른바 공적 자산the Public, 즉 품위 있는 사생활과 건실한 개인 기업가를 위해 꼭 필요한 공공자원 체계를 통해 완수한다. 이 체계에 포함되는 것은 도로와 다리, 교육, 의료•, 통신망, 법원체계, 기초연구, 경찰과 군, 공정한 사법체계, 깨끗한 물, 안전한 식품, 공원 등이다. 물론 이밖에도 훨씬 많은 것들이 포함된다.

보수주의자들은 정반대의 견해를 펼친다. 그들은 민주주의란 시민들에게 타인의 이익을 거의 또는 전혀 고려하지 않고 자신의 사익을 최대로 추구할 자유liberty를 제공하기 위해 존재한다고 주장한다. 이 견해에 따르면, 공적 자원은 최대로 줄이고 최대한 많은 것을 사적 영역으로 이관해야 한다. 사적 영역은 개인(사생활)과 개인 소유의 기업(사기업), 개인들의 집단(사적 모임이나 협회)으로 구성된다. 보수주의자들에게 사적 영역이란 신성불가침의 도덕적 이상이

• 일반적으로 '의료'를 의미하는 health care는 맥락에 따라 '건강관리'나 '의료보호' '의료보험'으로 옮겼고 health care system은 '건강관리제도'와 '의료보험제도'로 옮겼음을 밝힌다.

다. 그래서 이 영역에는 어떤 정부도 들어올 수 없다. 도울 목적이든 방해할 목적이든 규제할 목적이든 심지어 감시할 목적이든, 어떤 사람에게도 타인을 위한 비용을 지불하도록 해서는 안 된다. 사적인 이익집단이 지배해야 한다. 비록 이것이 사적인 이익집단 가운데 가장 강력한 집단인 기업이 자유방임 시장을 통해 우리 삶을 지배한다는 것을 의미할지라도 말이다. 시민에게는 자신의 생사를 스스로 결정할 자유가 있다.

각각의 도덕적 세계관은 일련의 쟁점 프레임을 동반한다. 프레임frames이란 우리가 세계를 이해하기 위해 사용하는 개념 구조를 의미한다. 정치는 모두 도덕 프레임에 근거하기 때문에, 모든 정책 역시 도덕 프레임과 관련이 있다. 어떤 특정한 정책 프레임을 선택하든, 그것은 도덕적 선택이다. 현재 미국인들은 두 가지 도덕적 선택 앞에 서 있다. 각 선택은 미국을 정반대 방향으로 이끈다. 의료 쟁점보다 이 대립을 더 분명하게 보여주는 쟁점은 없다. 이 사례를 좀더 상세히 살펴보기로 하자.

2008년 대통령 선거에 출마했을 때, 루돌프 줄리아니Rudolph Giuliani는 평면 텔레비전의 예를 들며 의료보험을 상품에 비유했다. 그는 모든 사람에게 다 평면 텔레비전을 볼 자격이 있지는 않다고 주장했다. 만일 당신이 평면 텔레비전을 하나 갖고 싶다면, 그 텔레비전을 목표로 일을 하고 돈을 저축해야 한다. 의료보험도 마찬가지이다. 의료보험을 가질 자격이 모든 사람에게 있는 것은 아니다. 의료보험을 원한다면 당신에게 그것을 자유로이 구매할 능력이 있어야 한다. 이 관점에서는 평면 텔레비전과 마찬가지로 의료보험도 하나의 상품이다. 만일 이 상품을 원한다면, 당신은 돈을 벌어서 이를 살 수 있다. 당신에게 그렇게 할 여유가 없다면, 무척 안된 일이다. 만일 당신이 이 상품을 원하지 않는다면, 당신에게 구매를 강요할 권한은 누구에게도 없다. 특히 정부에게 당신의 구매를 강요하도록 허용해서는 안 된다. 이것은 헌법에 위배되는 것이며 정부의 권한 밖에 있는 일이다.

문제는 이것이 은유일 뿐이라는 것이다. 문자적으로 보면, 의료보험은 공장에서 만들어 판매자가 구매자에게 물리적으로 건네주는 상품이 아니다. 의료보험은 운송용 상자에 담아 운송할 수도 없다. 하지만 의료보험을 하나의 상품으로 보는 은유는 이 대통령 선거에서 살아남았고 심지어는 민주당조차 이 은유를 수용했다.

이 텔레비전 은유는 줄리아니가 2008년 봄에 도입했다. 그해 가을 대통령 선거가 끝난 뒤에는 헌법학 교수였던 버락 오바마도 이 은유를 사용했다. 비록 다른 결론에 이르는 추론을 거쳤지만 말이다. 의료보험 법안을 만들 때, 오바마 대통령은 이 〔상품〕 은유를 헌법 1조 8항의 통상 조항 맥락에 넣었다. 이 조항은 의회에 통상을 규제할 권한을 부여한다. 만일 의료보험이 주 경계선을 넘어 구매하고 판매하는 상품이라면, 의회는 이 상품의 판매 행위와 구매 행위를 규제할 수 있다. 저렴한 의료보험 법안은 이 은유와 이 은유에 대한 오바마의 해석에 근거한다.

이 법안은 의료보험에 프레임—시장경제에서 기인한 프레임—을 부과했다. 이 프레임에 무엇이 빠져 있는지를 주목해보라. 만일 의료보험이 상품이라면, 그것은 권리가 아니다. 따라서 의료보험을 제공하는 것은 도덕적 관심사가 아니라 경제적인 문제가 된다. 시장, 구매, 선택 등의 낱말과 마찬가지로, 저렴한이라는 낱말은 경제 프레임과 어울린다.

얼핏 오바마는 전全국민건강보험이라는 '모두를 위한 의료보호'를 고려조차 하지 않은 것으로 보인다. 의료보호는 세금과 관련이 있으며, 보수주의자들은 어떤 세금도 올리지 않겠다고 다짐했다. 그들에게 과세란 정부가 국민들이 힘들게 번 돈을 빼앗아 낭비하는 과정이다. 오바마 대통령도 강력한 사적 의료보험 산업을 대체할 수 있으리라고 생각하지 않았으며, 그래서 보험업계와 함께 이 일을 하기로 결정했다. 그렇지만 그렇게 하려면 이 산업을 규제해야 할 것이다. 의회에서 규제할 수 있는 가장 강력한 헌법적 토대는 통상 조항이다. 이것은 의료보험을 시장 프레임에 넣어야 한다는 것을 의미했다.

경제학자들은 세금과 의무 구매 사이에 경제적 등가가 있음을 오랫동안 목격했다. 이 등가는 대체 가능성의 개념에 근거한다. 어떤 기업 대차대조표에서든 채무의 상실(예: 세금 납부)은 채권의 획득(예: 의무 구매)과 등가이다. 이 모든 것이 경제 프레임 안에서 일어난다. 경제 프레임에서는 경제적 조건을 가장 중요하게 고려한다.

그렇지만 개념적으로 세금은 의무 구매와는 매우 다른 프레임의 관점에서 이해된다. 구매 행위는 이른바 상품을 사고파는 상거래 프레임 안에 있다. 반면 정부의 행위는 채무·채권 교환이며 필연적으로 과세 프레임 안에 있다.

보수적인 시각에서는 거의 모든 과세가 정부의 억압이며 따라서 비도덕적이지만, 구매 행위는 시장에 근거하기 때문에 완전히 정당하다. 그래서 보수주의자들은 시장이 도덕적으로 우월하다고 본다. 과세에 대한 보수주의자들의 반대를 피하기 위해, 그리고 규제의 근거를 확보하기 위해, 오바마는 통상 조항의 힘을 사용하기로 결정했다. 이 결정에는 〔의료보험은 상품〕 은유가 필요했다. 늘 그래왔던 것처럼, 이 은유는 문자 그대로 수용되었다.

처음에 오바마는 공적 방안을 선호했다. 이 방안에서 정부는 다른 기업과 경쟁하며 더 나은 혜택과 더 저렴한 가격으로 의료보험을 파는 하나의 기업으로 간주된다. 정부가 운영하는 노인의료보험에는 행정비용이 불과 3퍼센트밖에 들어가지 않지만, 대부분의 의료보험 회사는 15퍼센트에서 20퍼센트의 행정비용을 지출하며 이 비용의 대부분은 보험금 지급을 거부할 사유를 찾거나 정당화하는 데 들어간다. 수익 요구가 늘어남에 따라 의료보험 회사는 전체 예산의 대략 30퍼센트를 환자 보호가 아닌 행정과 수익을 위해 지출한다. 이는 미국의 의료보험제도를 세계에서 가장 비싼 제도—물론 가장 좋은 제도와는 거리가 멀지만—로 만드는 요인 가운데서 큰 비중을 차지한다. 공적 방안에서는 환자의 의료비 청구를 관리하면서 최대한 이 청구를 거부하는 높은 급여를 받는 대규모의 직원이 필요하지 않았으며, 이익을 낼 필요도 없었다. 정부는 행정과 이익, 광고에서 절약한 금액을 모든 사람에게 의료보장을 제공하는 데 사용할 수 있을 것이다.

공적인 의료보험 안案에서도 〔의료보험은 상품〕 은유가 유지되었다는 사실이 아주 중요하다. 보수주의자들은 이 공적 방안이 불공정한 경쟁을 야기할 것이라며 반대했다. 시장 프레임이 주어지면 이들은 자신들의 반대 입장을 설득력 있게 펼치기 쉬웠으며, 논쟁에서 결국 우위를 점하여 오바마 대통령에게 공적인 의료보험 안을 포기하도록 압박했다. 공적 의료보험 안이 패배를 당하자, 오바마 대통령은 프레임을 다시 짰다. 그는 보수주의자들이 더 선호할 것이라 생각하는 계획을 내놓았다. 이 방안은 '개인의 의무적 구매' 방안•으로 힐러리 클린턴Hilary Clinton과 미트 롬니Mitt Romney가 지지했으며, 보수적인 헤리티지 재단Heritage Foundation이 맨 처음 제안한 것이다. '개인의 의무적 구매'와 관련해 헤리티지 재단과 롬니가 좋아했던 것은 모든 사람이 보험을 사야만 하고, 따라서 보험회사들이 수천만 명의 고객을 추가로 확보해 더 많은 수익을 올리게 된다는 점이었다. 이 유형의 의료보험 안은 법으로 통과되었다.

보수주의자들은 이 법안의 구체적 조항 가운데 어느 것에 대해

• 오바마 대통령이 2009년 취임 직후부터 의욕적으로 추진한 건보개혁법안 조항의 하나. 이 조항은 미국의 모든 개인에게 의료보험 가입을 강제한다. 이 '개인의 의무적 구매' 조항이 헌법에 위배된다며 미국 26개 주에서 위헌 소송을 제기했고, 대법원은 2012년 6월 28일 표결을 통해 5대 4로 의료보험 강제 구매 조항에 대해 합헌 결정을 내렸다. 대법원은 판결문에서 이 조항은 개인의 자유를 침해하는 것이 아니라 일종의 세금과 같은 성격을 지니며, 국민에게 세금을 부과할 권한을 지니고 있는 의회를 통과했으므로 헌법에 위배되지 않는다고 밝혔다.

서도 결코 반론을 펼치지 않았다. 예를 들어, 그들은 선행조건이나 상한선이 있어야 한다는 말을 하지 않았다. 그러는 대신 그들은 프레임을 아예 다시 짰다. 그들은 '오바마케어Obamacare'에 반하는 도덕적인 사례를 만들었다. (그들은 이 명칭을 선택함으로써 국민이나 국민의 건강이 아니라 '오바마'를 쟁점으로 만들어버렸다.) 이 명명에 적용된 보수적인 도덕적 원리는 자유와 생명이며, 그들은 이 원리에 부합하는 언어를 가지고 있었다. 자유가 '정부의 침탈'•이라는 위협을 받고 있었고, 생명이 '사망선고위원회'••의 위협을 받고 있었다는 것이다. 각계각층의 공화당원들이 이 언어 표현을 수없이 반복하여 대중의 담론을 바꾸었다. 이로 인해 전체 유권자—특히 무당파 유권자들—의 마음이 바뀌었다. 2010년에 이르자 오바마케어는 더러운 단어가 되었고, 가장 철저한 공화당원 후보들은 선거에서 승리하여 하원을 장악한 뒤 이 법안을 폐지하겠다고 약속했다.

• 미국 공화당과 보수주의자들이 오바마 대통령의 의료보험 개혁 법안인 '저렴한 의료보험 법안'을 저지하기 위해 '오바마케어'와 함께 만들어낸 용어이다. 그들은 '오바마케어'가 '저렴한 의료보험 법안'과 아무런 관계가 없으며 단지 미국 시민들의 삶을 더욱 통제하려는 '정부의 침탈'일 뿐이라고 비난했다.

•• 진료를 받을 환자와 죽어가도록 방치할 나머지 환자들을 구분하는 가상의 위원회. 의사와 관료로 구성된다. 이 위원회는 실상 생명윤리에 관한 자문을 담당하는 기구이다. 그런데 공화당 측에서 오바마의 의료보험 개혁 정책에 제동을 걸기 위해 '사망선고위원회'라는 자극적인 용어를 만들어 실상을 왜곡했다.

오바마 행정부는 동일한 도덕적 이상—자유와 생명—에 근거하여 자신들의 주장을 펼칠 기회를 놓치고 말았다. 의료보험이 없는 상태에서 중병에 걸리면 당신은 자유를 빼앗기고 생명의 위협을 받는다. 사람들에게 의료보험 없이 살도록 강요하는 것은 그들의 자유를 침해하는 것이다. 그러나 백악관은 이러한 도덕적인 반론으로 이 (의료보험 개혁) 쟁점의 프레임을 짜는 대신 전문적인 정책 세목에 대해 논의했다.

그러는 사이 보수주의자들은 자신들의 가치를 분명하게 어필했다. 사람들에게 다른 사람들이 구매한 상품의 값을 대신 내도록 강요해서는 안 된다. 공적 자산은 최소한으로 유지해야 한다. 개인의 의무적 구매는 정부의 침탈이 된다. 만일 국민들에게 특정한 상품을 사도록 강요할 권한이 정부에게 있다면, 정부는 국민들에게 무슨 일이든 행하도록 강요할 수 있을 것이다. 자유가 위협받고 있다.

이 모든 일에서 오바마 행정부는 세심하지 못하게 〔의료보험은 상품〕 은유를 채택하여 의료보험을 시장 맥락에 넣는 논거를 제시했다. 이 논거는 오히려 상대방을 도와주었다.

2012년 로버츠 대법원장이 이끄는 대법원은 보수적인 프레임을 내세웠다. 보수적인 대법관들은 〔상품〕 은유를 문자 그대로 수용하여 다시 한 번 '개인의 의무적 구매'가 사람들에게 어떤 특정한 상품—의료보험—을 사도록 강요한다는 주장을 펼쳤다. 만일 정부에게 그러한 권한이 있다면, 정부는 당신에게 장지葬地나 핸드폰이나 심지어 브로콜리를 사도록 강요할 수도 있다! 정부는 더 이상 통상을 규제하지 않을 것이고 시장을 만들어낼 것이다. 시민들은 다른 사람들의 대금을 대신 지불하도록 강요받을 것이고, 개인의 자유를 부인할 것이다. 그 결과는 '정부의 침탈'일 것이다.

이 책을 쓰는 시점에서 대법원은 아직 결정을 내리지 않았지만, 우리는 이 상황이 어디로 향할지 알 수 있다. 뒤이어 노인의료보험과 사회보장도 환경법안과 같은 길을 밟을 가능성이 높다. 환경법안은 사익보다 공익을 섬기며 따라서 사적 재산의 사용을 위협한다. 위협에 처한 것은 바로 공공성의 개념 그 자체와 민주주의를 하나의 체계로 보는 관점이다. 이 민주주의 관점에서는 시민들이 동료 시민들에게 결속되어 있으며 각 개인이 개인적 책임은 물론 사회적 책임도 떠맡는다.

이런 사태는 절대로 발생하지 않았어야 한다. 의료보험은 절대로 시장 이슈가 되지 않았어야 했다. 헌법은 의회에게 "미합중국의…… 공공복지를 준비할" 권리를 부여한다. 이 권리는 의료보험법의 도덕적·개념적 토대여야 했고 앞으로도 그래야 한다. 그러나 실제로는 그러지 않았기 때문에, 즉 의료보험 이슈를 시장 프레임에 넣었기 때문에 미국의 공공복지는 위험에 처해 있다. 우리는 서로를 배려하는가? 우리는 간 이식 수술을 필요로 하는 사람들에게 간을 제공했다는 것을 자랑스럽게 여기는가? 우리는 일상적으로 우리의 동료 미국인들의 목숨을 구하는 것을 자랑스럽게 여기는가? 우리는 공적 자산 없이는 괜찮은 삶을 영위할 수도 사기업 활동을 유지할 수도 없다는 사실을 인식할 것인가? 공공성을 무너뜨리면 우리의 삶이 정부의 통제가 아닌 기업의 통제 아래로 들어갈 위험에 처한다는 점을 우리는 인정할 것인가? 기업은 우리의 평안이 아니라 자신들의 이익을 위해 활동한다. 그리고 정부는 우리가 선출하고 바꿀 수 있지만, 기업 경영자는 우리가 선출하지 않았으며 바꿀 수도 없다.

우리가 이 책을 쓰는 이유는 이 쟁점의 중요성이 현재 대중 담론에 포함돼 있지 않기 때문이며, 민주당과 민주당 후보들이 이 쟁점을 전면에 내세우기를 바라기 때문이다. 그러려면 그들은 스스로 옳다고 믿는 도덕관에 어울리는 언어를 사용해야 한다.

언어는 '단순한 낱말'의 문제나 '명문장 만들기'의 문제가 아니다. 낱말은 상황을 의미한다. 낱말의 정의는 개념적 프레임에 의존한다. 정치에서 개념적 프레임의 토대는 도덕이다. 개념적 프레임은 우리 정치의 기저에 있고 정치에 선행하는 도덕 기반 프레임과 동일하다. 정치적 언어를 논의하는 것은 도덕성과 정치를 논의하는 것이다.

이 근본적인 진실은 정치적 소통에 대해 오랫동안 지속된 신화—광고계로부터 나오는 신화—와 충돌한다. 메시지 전달messaging이라는 말은 이 신화의 관점, 즉 도덕성과 정책이 메시지 전달과 무관하다는 관점에서 정의된다. 이 신화에서 메시지 전달은 단지 명문장을 만드는 것, 즉 시장에 내놓은 상품으로 개념화되는 정책을 팔기 위해 '먹히는 말'을 찾는 것이다.

이 발상에는 두 가지 문제가 있다. 첫째, 소통과 정책은 동일한 도덕 프레임에 근거한다. 정책이 먼저 오고 소통이 뒤를 따르는 것이 아니다. 이는 의료보험 사례가 잘 보여준다. 둘째, 메시지 전달 신화는 근본적으로 비민주적이며, 정치를 기업 마케팅 프레임에 집어넣는다. 이 프레임에서는 '팔리는' 정책이면 다 인가하고 선호한다. 이 관점에서 시민은 정치의 소비자이며, 정치가는 그들에게 아이디어를 '팔' 길을 찾고 있다. 이것은 민주주의가 마땅히 작동해야 하는 방식에 대한 민주당 식의 이해, 즉 대부분의 미국인들이 공유하는 관점과 직접 충돌한다.

도덕적으로나 개념적으로 투명한 소통이 우리의 대안이다. 당신의 가치를 인식하고 당신 자신이 믿는 바를 말하라. 이것이 먹힐까? 이것은 전적으로 당신이 그 일을 얼마나 잘 수행하는가에 달려 있다. 우리는 대부분의 미국인이 동료 시민을 보살핀다고 믿는다. 이것이 바로 민주당 식 사고의 도덕적 바탕이며, 우리는 대중이 이 도덕적 바탕에 반응하리라 생각한다.

마지막으로 알아두어야 할 것. 이 책은 모든 것을 다 담으려 하지 않는다. 그러기에는 너무 짧은 책이다. 그리고 훨씬 더 방대한 책은 아마도 너무 길 것이다. 우리는 아주 많은 주제를 다룰 것이다. 하지만 결코 모든 범위의 주제는 아니다. 우리는 민주당이 직면한 가장 골치 아픈 도전들을 다루며 실제적인 소통능력을 향상시킬 수 있도록 조언하고자 한다. 다음으로 우리는 극단적 보수주의의 해악을 탐구한다. 셋째로 우리는 민주당 관계자 및 지지자에게 꼭 필요하지만 아직은 대중 담론에 포함돼 있지 않은 아이디어와 그러한 아이디어를 표현하기 위해 필요한 새로운 언어에 관심을 돌린다. 마지막으로 '진보적으로 생각하고 말하기 위한 언어들'은 현

정치의 가장 논쟁적인 영역을 다루며, 그러한 영역의 관련 배경을 제공하고 새로운 말하기 방식을 도입한다.

이 책에서 우리의 임무는 정책과 전문가 의견, 구태의연한 낡은 아이디어를 넘어서는 것이다. 이 책을 읽고 당신이 정치를 바라보고 이해하고 논의하는 방식을 바꾸기를 소망한다.

I

프레임의 기본 원리들

모든 정치는 도덕적이다

모든 정치는 도덕적이다. 그래서 모든 정치 지도자들이 수행하는 임무에는 일상의 가치가 어떻게 정치와 연결되는지를 보여주는 것이 포함된다. 이는 민주주의에서 필수적이다. 민주주의는 정치적 과정에 대한 시민의 헌신에 의존하기 때문이다. 가치를 정치에 연결하는 언어를 사용하지 못하면 민주적 과정이 사라지게 된다.

자유민주주의에서 우리가 직면하는 문제 가운데 하나는 보수주의자들이 진보주의자들보다 더 효율적인 언어를 사용하여 자신들의 심오한 가치를 전달한다는 점이다. 진보주의자는 자신들 고유의 가치가 보편적 가치라고 가정하며, 나아가 자신들이 해야 할 일은 사실을 제시하고 이러한 보편적 가치를 지원하는 정책을 제안하는 것뿐이라고 가정한다.

그러나 가치는 보편적이지 않다. 보수주의자들은 '무엇이 도덕적인가'에 대해 자유주의자들과 매우 다르게 이해한다. 그리고 근본적인 도덕성의 차이는 심오하다. 이 차이는 당신의 개인적인 정체성, 즉 '당신이 누구인가'와 '무엇이 당신에게 신성한가'를 부분적으로 정의한다. 따라서 진보주의자는 결코 철저한 골수 보수주의자를 설득하지 못할 것이다. 왜냐하면 개인적 정체성을 결정하는 도덕적 차이가 심오하고, 오래 지속되거나 심지어는 영원한 뇌 회로 안에 존재하기 때문이다. 다행히도 철저한 보수주의자의 수는 당신이 생각하는 것보다 적다.

도덕적 복합성

대부분의 사람들은 도덕적으로 복합적이다. 즉 사람들의 마음속에는 대부분 보수적인 도덕 가치와 진보적인 도덕 가치가 복합적으로 조합되어 있다. 이른바 중도는 대부분 어느 한쪽 성향을 보여주고 부분적으로 다른 한쪽 성향을 지닌다. 중도 보수는 대부분의 쟁점에서는 보수주의 가치를 드러내지만 여타의 쟁점에서는 진보주의 가치를 보여줄 것이다. 만일 노인들에 깊은 관심을 지닌 중도 보수라면, 사회보장제도와 노인의료보호제도를 지지할 수 있다. 또는 중도 보수가 아이들과 아이들의 미래에 깊은 관심을 가지고 있다면 그들을 위한 공교육을 지원할 수 있다. 이른바 부동층 유권자들은 보수적인 도덕 가치와 진보적인 도덕 가치를 둘 다 사용하며, 어떤 후보나 쟁점이 주기적으로 자신의 관심을 끄는가에 따라 보수를 지지하기도 하고 진보를 지지하기도 할 것이다. 많은 무당파 유권자들도 이런 식으로 행동한다.

도덕적 복합성은 왜 중요한가? 바로 선거를 결정짓기 때문이다.

도덕적 복합성의 본질을 파악하려면, 먼저 뇌가 작동하는 방식의 중요한 핵심을 이해해야 한다. 각각의 도덕성 체계는 뇌에서 신경 회로로 표상된다. 복합적인 도덕성 체계에는 서로 충돌하는 도덕성의 신경 회로가 있다. 그리고 이 두 도덕성은 보통 다른 쟁점과 다른 상황에 적용된다. 상충하는 두 도덕성이 어떻게 동일한 뇌에 존재할 수 있는가? 각 도덕성의 뇌 회로는 서로를 억압한다. 한 도덕성의 뇌 회로에 불이 들어오면, 다른 한 도덕성의 뇌 회로는 불이 꺼진다.[5]

부동층 유권자의 보수적 도덕성은 보수적 언어로 자극해야 더 쉽게 활성화된다. 마찬가지로 진보의 언어는 부동층 유권자의 진보적 도덕성을 활성화하는 경향이 있다. 진보주의 도덕의 언어든 보수주의 도덕의 언어든, 반복적인 사용이 흔히 무당파가 선거에서 진보적 도덕체계를 사용할지 또는 보수적 도덕체계를 사용할지를 결정짓는 요인이다.

언어는 정치적이다

언어는 중립적이지 않다. 모든 낱말은 뇌의 프레임 회로를 통해 정의된다. 이러한 회로는 도덕적 가치의 특성을 규정하고, 도덕적 가치의 측면에서만 유의미한 특정 쟁점의 본성을 정의한다. 더욱이 프레임 회로는 단순히 논리적인 것만이 아니라 감정과도 연결되어 있어서, 정치적 쟁점에 대한 우리의 본능적 직감을 지배하고 쟁점(과 심지어는 사실)을 이해하는 방식을 제약한다. 그리고 이 프레임 회로는 강력한 이미지를 동반한다. 이것이 바로 이성이 실제로 작동하는 방식이다. 이성은 프레임 형성과 은유, 감정, 서사, 영상을 통해 작동하는 것이다.

프레임 회로는 위계적으로 다가오며, 정치적 프레임은 도덕 프레임의 지배를 받는 위계의 일부이다. 따라서 정책에 대한 모든 정치적 메시지는 도덕적 가치의 측면에서만 이해할 수 있다.

'도덕적 가치가 무엇인가'라는 주제로 넘어가기 전에, 무엇이 도덕적 가치가 아닌가에 대해 몇 마디 언급해야 한다.

- 도덕적 가치는 정책과 동일하지 않다. 정책은 도덕적 전제와 사실로부터 따라 나온다. 유권자들은 주로 도덕적 시각에 관심을 가지며, 구체적인 정책 세부사항에는 부차적으로만 관심을 갖는다. 예를 들어 노인 의료보호제도와 사회보장제도는 정책—분명히 도덕적 기반을 지닌 정책—이지만, 그 자체가 도덕적 가치는 아니다.
- 쟁점 영역—지구온난화, 건강보험, 여성의 권리, 사회적 통합 등—은 도덕적 가치에서 나오지만, 그 자체가 가치는 아니다.
- 자유, 정의, 공정성, 평등, 단결 등 위대한 추상적 개념 역시 그 자체로는 도덕적 가치가 아니다. 정말이지 그러한 개념은 각각 '논쟁적인 개념'이다.[6] 이러한 논쟁적 개념은 도덕적 가치의 차이에 따라 완전히 상이한 두 해석—보수적 해석과 진보적 해석—을 받는다. 만일 당신이 이러한 개념에 대해 말하려 한다면, 그 기저의 가치를 처음부터 분

명히 드러내야 한다.

이제 도덕적 가치가 무엇인지를 다룰 차례이다.

■ 가치 ■

같은 이슈, 다른 생각

우리의 가치가 우리의 일상생활을 지배한다. 즉 우리가 어떤 결정을 내리는지와, 우리 자신이나 타인을 어떻게 대하는가, 세계에 대해 어떤 생각을 갖는가를 지배한다. 구체적으로 우리의 가치는 우리가 자연, 기업, 문화, 종교, 가정생활 등에 대해 어떤 생각을 하는가에 영향을 미친다. 미국 정치에서 우리의 가치는 또한 민주주의가 무엇인지에 대한 우리 자신의 생각을 결정짓는다.

진보주의자들은 서로를 보살피고 자신과 타인에 대한 책임을 다하는 시민들로부터 민주주의가 시작된다고 본다. 따라서 개인적 책임은 사회적 책임과 분리할 수 없다. 여기서 기본적인 도덕 가치는 자신과 타인에 대한 감정이입과 책임이다.

이것은 정부가 어떤 도덕적 의무—특히 모든 국민을 똑같이 보호하고 역량을 강화할 의무—를 지닌다는 견해로 이어진다. 이 견해에 따라 정부는 다시 공공이 필요로 하는 것을 열정적으로 지원해야 한다. 구체적으로 정부는 (도로, 건물, 하수시설 등) 공공 기반시설, 공교육, 공원, 대중교통, 공공치안, 에너지 그리드, 대중을 위한 물과 충분한 식량, 통상 규정을 제공해야 한다. 어떤 사기업이나 기업가도 그러한 공적 기반 없이는 번영할 수 없다. 우리가 지금까지 공동으로 마련해온 이러한 것들이 없다면 어떤 문화생활도 불가능하며, 인간다운 삶의 의미도 없다. 사적인 것은 공적인 것에 의존한다.

이러한 진보적인 공공 가치는 보통 어떤 이상적인 진보적 가정의 가치로부터 나온다. 이러한 가정 가치가 더 거대한 기관에 투영된다. 진보적인 가정에서는 부父와 모母가 동등한 권위를 지닌다. 이들의 핵심적인 도덕에서 부모는 서로에게 공감하고 자녀들에게 감정이입을 하는 역할을 수행해야 한다. 또한 자신을 책임지는 것은 물론 다른 식구들의 안녕도 책임져야 한다. 부모에 대한 공경의 근원은 벌의 공포가 아니라 칭찬과 협동심이다. 행동의 표준과 제약은 이 가정 모형에서 중요한 역할을 한다. 이 표준과 제약은 언제나 의문을 제기할 수 있고 설명을 필요로 하지만, 부모의 발언이 결정적인 이유는 부모가 궁극적인 책임을 지기 때문이다. 이 표준과 제약은 또한 열린 의사소통과 투명한 가정 규칙, 공동의 의사결정, 필요에 근거한 공정성을 요구한다. 가정 가치의 결과는 하나의 가정 체계로서 함께 활동하는 온 식구들의 협동을 필요로 한다. (때때로 자애로움의 개방성을 방종이나 '무엇이나 다 좋다'라는 의미로 잘못 이해하는 사람들은 자애로움에 행동의 표준과 제약이 필요하다는 사실을 인정하지 않는다.)

이것은 이상화된 견해이다. 우리가 통제당하는 경험을 맨 처음 하게 되는 곳은 바로 우리의 가정이기 때문에, 우리는 이상적인 통치 기관(예: 종교 조직, 학교, 팀, 국가)을 이상적 가정의 측면에서 이해하게 된다. 무엇이 이상적인가라는 개념이 핵심이다. 우리는 이상적 가정에 대해 우리 자신의 가정에서 배우지만, 다른 사람들의 가정이나 우리의 문화나 공동체로부터도 배울 수 있다. 따라서 우리가 우연히 경험하는 양육 방식뿐 아니라, 이상적인 가정의 작동 방식에 대한 우리의 이해도 중요하다.

이 이상화된 가정을 다른 기관에 투사하면, 종교와 학교, 교도소

내 재활, 외교 정책, 시장 등의 자애로운 유형이 나온다. 자애로운 외교 정책은 '인간의 가정'에 관심을 가진다. 그리고 자애로운 시장에서는 기업이 기업주와 주식 소유자뿐 아니라 소비자와 노동자, 공동체를 부양해야 한다.

이상화된 보수적 가정은 가정의 당연한 지도자인 아버지를 중심으로 구조가 형성된다. 세계는 위험한 곳이며 악이 이 세계 내의 세력이기 때문에, 아버지는 자신의 가족을 보호하기 위해 강해야 한다. 아버지는 도덕적이며 옳음과 그름을 분별한다. 아이들은 정말로 나면서부터 옳은 것보다 즐거움을 주는 것을 행하기 때문에, 아버지는 그들이 잘못을 저지를 때 벌을 주어 옳음과 그름을 구별하도록 가르쳐야 한다. 나중에는 옳은 일을 행하도록 말이다. 아버지는 무엇을 행할지를 알기 때문에, 아버지의 권위는 절대적이며 도전을 허용하지 않는다. 규칙을 정하는 아버지는 한 마디로 결정자이다. 물리적 훈육은 도덕적 훈육에 필수적이다. 규칙은 엄격히 실행해야 한다. 그렇지 않으면 규칙을 준수하지 않으려 할 것이다. 여기서 사랑은 엄격한 사랑을 말하며, 훈육이 그러한 사랑의 한 형태이다. 강인함은 중요하며, 도덕적 힘의 한 척도이다. 훈육을 너무 안 하는 것은 좋지 않으며, 아무리 자주 해도 지나치지 않다. 어머니의 역할은 아버지의 권위를 지원하는 것이다. 만일 그렇게 하지 않는다면, 어머니 또한 훈육을 받을 수 있다.

이로부터 사람들의 사회관에 대한 몇 가지 특정한 귀결이 나온다. 번영하기 위해서는 재정적으로 절제해야 한다. 만일 당신이 풍요롭지 않다면, 그 원인은 분명히 절제를 제대로 배우지 못한 당신 자신에게 있다. 이 절제력 결여는 그 자체가 비도덕의 한 형태이다. 그래서 당신은 가난해도 마땅하다. 이러한 형태의 직접적 인과관계에서는 결과로부터 추적하여 단 하나의 간명한 원인을 찾아낼 수 있다.

엄격한 아버지 가정은 언제나 그렇지는 않지만 보통 내집단의 자애로움과 관련이 있다. 즉 배우자와 순종하는 자녀들은 사랑과 관심, 보상을 받는다. 성인이 되면 자녀들은 스스로 엄격한 부모가 되며, 외부의 권위가 자신들의 삶에 개입하는 것을 결코 허용하지 않는다.

우리가 이 이상화된 가정 모형을 다양한 통치 기관에 투사할 때, 엄격한 아버지 신이 있는 보수적인 종교가 나오고, 어떤 외적 권위(예: 정부, 노동조합, 법원)도 인정하지 않고 시장을 결정자로 보는 견해가 나온다. 또한 그러한 투사로부터 교육, 교도소, 기업, 스포츠 팀, 애정관계, 세계 공동체 등 여타 제도 내의 엄격성도 나온다.

보수주의자들에게 민주주의의 핵심은 자유, 개인적 책임, (타인의 이익은 최소한으로만 도모하거나 심지어는 전혀 고려하지 않고 자신의 사익을 추구할 자유인) 자립이다. 이것은 공적 제도의 최소화와 사적 제도의 최대화를 함축한다. 보수주의자들은 이렇게 가정한다. 사람들이 자기 자신의 사익을 추구하는 것은 당연하고 도덕적인 일이다. 자원이 부족할 때 경쟁하는 것은 자연스러운 일이다. 경쟁 세계에서 성공하려면 절제해야 하고, 그러한 자연스러운 삶의 양식에는 어떠한 간섭도 없어야 한다. 특히 정부의 간섭이 없어야 한다. 사회의 구성을 가능케 하는 것은 법과 도덕 기준이며, 이는 엄격하게 준수해야 한다. 사회의 좋은 일은 자기 자신의 이익을 추구하는 사적 개인과 기업이 행한다.

논의를 더 진행하기 전에 우리는 가치가 무엇을 행하는지를 강조해야 한다. 가치는 정책과 쟁점 영역에 대한 관심, 널리 공유하는 추상적 개념의 해석에 도덕적 전제를 제공한다.

진보의 가치체계와 보수의 가치체계는 보통 이상화된 가정의 가치체계의 관점에서 구조화된다. 정책은 가치로부터 나오지만 정책 그 자체가 가치는 아니다. 쟁점에 대한 관심은 가치 그 자체가 아니다. 자유, 평등, 정의 등 위대한 추상적 개념은 가치가 아니다. 정말로 그러한 개념은 당신이 어떤 가치를 지니고 있는가에 따라 다른 형태를 띤다.

엄격한 아버지 가정 모형의 가치인 절제와 자립을 예로 들어보자. 그러한 가치에 근거할 때, 경제적 번영을 누려온 사람들은 그럴 만한 자격이 있으며 과세의 벌을 받아서는 안 되고, 도덕적으로 충분한 절제를 쌓지 못해 경제적으로 번성하지 못한 사람들을 지원하기 위해 세금을 납부해서도 안 된다. 보수주의자들이 관심을 갖는 쟁점 영역에는 민영화를 최대화하는 자유 시장과 엄격한 아버지가 통제하는 성 도덕성, 법원의 엄격한 처벌, 강한 군대가 들어간다.

진보주의자들은 감정이입과 사회적 책임, 탁월성의 가치를 토대로 (사회)안전망과 공교육, 인도주의적 대외 원조라는 쟁점 영역에 관심을 갖고 그러한 영역 내의 정책에 관심을 갖는다. 자신을 보살피지 못할 처지에 있는 사람들을 위한 감정이입과 이 가치에 따라 행동하는 사회적 책임에 근거하여, 진보주의자들은 정부가 그러한 처지에 있는 시민들(예: 노동력을 상실한 노인, 장애인, 노숙자, 빈곤에 허덕이는 사람)을 충분히 보호해야 한다고 생각한다. 사적 성공이 언제나 공적 지원에 의존한다는 인식은 누진세로 이어진다. 공적 지원에 힘입어 더 많은 소득을 벌어들일수록, 당신이 공적 지원을 계속 유지하기 위해 떠맡아야 할 책임은 그만큼 더 크다.

다음은 주요한 정책 차이가 상이한 도덕체계의 귀결임을 보여주는 실례이다. 모든 성인이 국민건강보험제도에 참여해야 하는지의 문제를 살펴보자. 진보적 시각에서 보면 모든 사람들의 건강과 안녕은 공적으로 제공되는 필수품과 시설, 설비에 의존한다. 예를 들어 깨끗한 공기와 깨끗한 물, 안전한 식품 공급, 하수관, 아동의 운동프로그램·체육공원·질병통제를 위한 공적 지원, 식품의약국의 식품·의약품 감찰, 심지어는 부상 방지용 안전띠와 신호등을 보라. 이 모든 공적 시설물이 존재하는 이유는, 민주 국가의 시민들이 서로를 보살펴야 한다고 생각하고 불필요한 고통을 예방하지 못하는 것을 비도덕적이라고 간주하기 때문이다. 여기서 사람들의 건강과 안녕이 공적 자산이 제공하는 바에 크게 의존한다는 귀결이 나온다. 재정적으로 성공한 사람들의 풍요가 공적인 것에 힘입은 바가 크듯이, 건강한 사람들의 행복 또한 그러하다. 공교롭게도 부유하지 않은 사람들의 의료를 지원하기 위해서는 재정적으로 풍요로운 사람들이 의료보험제도에 참여해야 한다. 언제 우리가 부상을 당하거나 병에 걸릴지 결코 알 수 없다는 실용적인 이유 외에도, 건강한 사람들이 의료보험제도에 관심을 가져야 할 도덕적 의무가 있는 것이다.

보수주의자들은 결코 이런 식으로 사유하지 않는다. 사회적 책임이 아니라 개인적 책임을 중시하는 그들의 시각에서는 민주주의가 사익을 극대화할 자유를 자신들에게 부여하며 따라서 그들은 타인들의 이익과 평안에 대해 아무런 책임도 질 필요가 없다. 각 개인의 고난은 자신만의 관심사이다. 또는 자기 가족이나 절친한 친구, 교회, 유대교회당, 사원의 관심사이다. 동료 시민의 고난에 관심을 갖는 사람들은 언제나 사적인 자선기관에 자유로이 기부를 한다. 이 시각에서는 민영화를 최대화해야 하고, 도덕적 견지에서 모든 공적 지원을 최소화하거나 제거해야 한다. 자신이 그렇게 하기로 선택하지 않는다면, 어떤 사람도 다른 사람의 비용을 지불하지 않아야 하기 때문이다. 시장에 대한 보수주의적 관점에서 보면 건강보험이란 소비자에게 파는 생산품이다. 이 생산품은 물론 시장이 감당하는 어떤 가격으로든 팔 수 있다. 자신들의 건강과 생명을 위한 이 상품의 가격이 얼마로 책정되든 사람들은 이 금액을 지불해야 한다.

이제 우리는 건강관리가 왜 논쟁적인 쟁점인지 이해할 수 있다. 진보주의자들은 의료비 지불을 제한하거나 거부하는 사적인 건강관리 회사(즉 보험회사)의 관행을 인간의 생명권에 대한 제약으로 본다. 더욱이 사적 성공과 안녕에서 공적 영역의 역할을 인식하지 못하면 특권을 영원히 누리는 계층이 엄청나게 편중된 양의 부와 물질 자원, 정치적 영향력을 통제하게 된다. 이는 민주주의의 가장 기본적인 원리에 위배되는 것이다. 반면 보수주의자들은 정부가 시장에서 수행하는 모든 역할을 자유와 개인적 책임에 대한 비도덕적인 침해로 간주한다.

이 시점에서는 도덕적 가치를 쟁점 영역이나 정책과 명확하게 구별해야 한다. 도덕적 가치가 일차적이다. 그 이유는 도덕적 가치가 쟁점 영역이 무엇인지를 정의하고 가능한 정책에 제약을 부과하기 때문이다.

자유나 정의, 공정성, 평등, 충직성, 책무성, 권위, 존엄성, 심지어는 보살핌과 같은 추상적 개념은 어떠한가? 이것들이 바로 언어학자들이 말하는 논쟁적인 개념이다. 이러한 개념은 얼핏 아주 단순하고 일반적으로 합의하는 의미를 지니고 있는 듯 보이지만 실제로는 아주 다른 의미를 지닌다. 물론 이 의미적 차이는 이러한 개념이 엄격한 아버지 모형의 해석에 따르는지와 자애로운 부모 모형의 해석에 따르는지에 달려 있다. 간단히 말해서, 우리는 동일한 낱말이 보수적인 사용에서나 진보적인 사용에서 항상 동일한 의미를 지닌다고 가정할 수 없다. 일반적으로 두 사용의 의미적 차이는 상당할 것이다.

하나의 예로 보살핌의 개념을 생각해보자. 앞에서 살펴본 바와 같이, 진보적인 보살핌은 타인에 대한 감정이입과 책임으로부터 출발한다. 감정이입은 인간의 생명과 존엄성, 안녕을 절대적으로 신성시하는 것으로 이어진다. 정치에서는 강한 공공성 감각—모두를 위한 보호와 역량강화의 감각—을 지닌 정부가 이 감정이입을 실행한다. 이 공공성 감각은 의미 있는 사적 존재—고상한 사생활과 번영하는 사기업—를 위해 절대적으로 필요하다. 진보적 보살핌은 물리적·정서적·사회적 안녕과 관련된다. 진보적 보살핌에는 다른 사람들의 행복과 자아성취에 대한 보살핌이 들어가며, 이 보살핌은 재정적 보상으로 이루어질 수도 있고 그렇지 않을 수도 있다.

보수주의자들에게는 보살핌의 의미가 매우 다르다. 보수적 보살핌은 모든 사람들에게 아무런 간섭도 없이 자신의 사익을 추구할 자유를 허용하는 것을 의미한다. 이 자유 속에서는 사람들이 다른 사람들에 대한 어떤 사회적 책임도 지지 않으며, 자유방임 시장을 옹호한다. 또한 범죄에는 확실히 엄벌로 대응해야 하며, 모두에게 기회를 제공하기만 하면 성공하든 망하든 그 결과는 개인의 책임이다. 보수적 보살핌은 흔히 엄한 사랑을 통한 양육이다.

이제는 논쟁적 개념의 아이디어를 분명히 이해해야 한다. 이상적인 개념을 두고 벌이는 경쟁이 어떻게 도덕적 가치체계에서 비롯되는지도 명확히 이해해야 한다. 도덕적 가치체계가 일차적이다. 그러한 체계가 바로 위대한 추상적 이상을 해석하는 방식을 정의하기 때문이다.

진보적 종교에 대한 단상

보수적인 기독교인은 진보적인 기독교인보다 정치적인 조직을 구성하고 운영하는 데 능하다. 그 결과, 많은 미국인은 기독교인들이 일반적으로 보수적이라고 생각한다. 이는 사실이 아니다. 여기서 우리는 진보적 기독교에 대해 한마디 하려고 한다.

보수적 기독교는 엄격한 아버지 가정 모형의 도덕적 프레임을 취하고, 이 프레임을 신에 대한 관점과 종교제도의 가치, 정치에 투사한다. 이 프레임에서는 신을 엄한 사랑을 베풀고, 무엇이 도덕적인지를 결정하고, 절대적 규칙을 정하는 엄격한 아버지로 본다. 만일 이러한 규칙을 준수한다면 당신은 천국에 간다. 반면 이러한 규칙을 어긴다면 당신은 지옥의 불 속에서 영원의 형벌을 받는다. 당신 개인에게 책임이 있다.

진보적 기독교는 신을 '은총을 베푸는 자애로운 부모'로 간주한다. 이 은총은 당신의 노력으로 얻을 수 있는 것이 아니다. 은총은 부모가 베푸는 자애로움의 모든 속성을 다 지니고 있다. 은총은 어떤 대가나 조건도 없이 신이 베푸는 사랑의 발현이다. 만일 당신이 신에게 가까이 있어서 은총을 받는다면 신의 은총은 당신의 영혼을 채워주고, 당신에게 자양분을 주고, 당신을 보호해주고, 치유해주고, 도덕인으로 만들어준다. 선한 기독교인이 된다는 것은 무조건적인 인류애를 실천하여 타인의 안녕을 위해 보살핌을 베풀고 책임을 떠맡는다는 의미이다. 이러한 견해를 지녔기에, 진보적 기독교인들은 미국 사회에서 역사적으로 중요한 역할을 수행해왔다. 노예해방 운동과 여성참정권 운동, 민권 운동에서 그들이 보여주었던 헌신을 생각해보라. 우리는 이러한 역할을 잃어버렸으며 다시 회복해야 한다.

이른바 종교기관 도덕성institutional morality과 심층 도덕성deep morality의 구별을 마음속 깊이 새겨야 한다. 종교기관 도덕성은 종교적 교파와의 관계 속에서 정의되며 정교분리 원칙의 핵심이다. 정교분리 원칙에서는 특정 종교의 규칙을 국가에게나 해당 종교 밖의 시민들에게 부과할 수 없고, 국가가 종교기관의 규칙을 결정할 수 없다고 주장한다. 이것은 마땅히 그러해야 한다. 그렇지만 심층 도덕성은 종교 밖에서 시작하며 종교와 무관하다. 종교적인 믿음이 있든 없든, 사람들은 심층 도덕성을 세계—정치, 시장, 교육 등—에 적용한다. 신앙심이 있든 없든 보수적인 사람들은 엄격한 아버지 도덕성을 이러한 영역에 적용하고, 진보적인 사람들은 자애로운 부모 도덕성을 적용한다.

여기서 핵심은 정교분리 원칙을 위배하지 않고 정치적으로 조직화할 수 있음을 진보적 교회(또는 모든 종교기관)가 인식해야 한다는 점이다. 진보적 교회는 자신의 심층 도덕성을 공적 담론 속으로 가져올 수는 있지만, 종교기관의 가치를 그렇게 할 수는 없다. 예를 들어 진보적 교회는 자애로운 도덕성에 근거해 전국민 건강관리를 시행해야 한다고 주장할 수는 있지만, 학교에서 기도회를 실시하자고 할 수는 없다. 또한 동성 간 결혼과 여성 권리를 옹호할 수는 있지만, 국내에서든 국외에서든 특정한 종교적 관점에 따라 타인에게 종교를 바꾸라고 강요할 수는 없다. 조직을 꾸려 진보적 후보들을 지원할 수는 있지만, 그러한 후보들에게 명백히 종교적인 정책을 옹호하도록 요청할 수는 없다. 진보의 명분을 내세우는 진보적 후보들과 인사들은 진보적인 교회에서 정기적으로 연설함으로써, 그러한 교회가 자신의 가장 심오한 가치를 정치적으로 더욱 다듬도록 도와야 한다. 진보적 정치를 지원할 원천으로서, 진보적 기독교는 엄청난 잠재력을 지니고 있다. 이제 이 잠재력을 활성화해야 한다.

■ 상대성 ■

진보와 보수, 문제는 해석이야!

모든 달러 지폐에는 '여럿으로 이루어진 하나'라는 의미의 *E Pluribus Unum*이라는 슬로건이 새겨져 있다. 이것은 미국인의 정신 깊은 곳에 자리 잡은 근원적이고 기초적인 가치를 표현한다. 미국에는 통합—합의와 평화—을 향한 열망이 있다.

우리는 이러한 질문을 자주 듣는다. 미국에 단 하나의 통일된 정치적 세계관이 있는가? 그러한 일이 미국에서 가능한가? 이 질문은 중요하다. 그리고 이 질문은 초당파성과 중용을 향한, 지속적으로 분출되는 소망으로 드러난다. 이 질문에 대한 대답의 단초는 논쟁적 개념에 대한 연구에서 찾을 수 있다. 모든 논쟁적 개념은 누구나 동의하는 핵심을 중심으로 구성된다. 이 핵심은 실재하지만 제한적이다. 자유와 평등, 공정성이 무엇인가에 대해 모든 사람들이 동의하는 단순한 경우가 있다. 마찬가지로 보수주의자들과 진보주의자들이 동의하는 단순한 경우가 있다. 몇 가지 사례를 보자.

- 사물은 작동해야 한다. 자동차는 달려야 한다. 전기는 우리 집에 들어와야 한다. 비행기는 시간을 지켜야 하고 충돌하지 않아야 한다. 핸드폰은 어디서나 작동해야 하고 통화 중 끊겨서는 안 된다. 쓰레기는 정기적으로 수거해야 한다.
- 사람들은 직업을 가져야 한다. 모든 사람들은 일을 하여 생계를 유지할 수 있어야 하고, 그 일을 잘 수행해야 하고, 정당한 급여를 받아야 한다.
- 사람들은 건강해야 한다. 주요 질병은 차단해야 한다. 사람들은 자신을 최대한 잘 보살펴야 한다. 질병과 부상의 영향은 최소화해야 한다.
- 사회에는 공공질서가 있어야 한다. 사람들은 법을 지켜야 한다. 법의 집행은 공정하고 효율적이어야 한다. 그리고 법원은 법을 집행해야 한다.
- 일상생활은 순조로워야 한다. 상품은 사람들이 이용할 수 있어야 하고, 그 가격을 감당할 수 있어야 한다. 차량의 흐름은 원활해야 한다.

그리고 사람들은 사고 없이 일상생활을 할 수 있어야 한다.

- 평화가 있어야 한다. 침략이나 테러리스트의 공격, 전쟁 수요, 전쟁 위협은 절대 없어야 한다.

또한 특정한 일반적 도덕 원리가 몇 가지 있다.

- 살인은 비도덕적이다.
- 절도는 비도덕적이다.
- 무고한 사람들에게 해를 입히는 것은 비도덕적이다.
- 거짓말하는 것은 비도덕적이다.

우리는 이런 원리를 계속해서 펼쳐나갈 수 있다. 이러한 과잉단순화 수준에서라면 미국인들은 사회 전역의 수백 가지 일에 대해 합의한다. 그러면 뭐가 문제인가?

문제는 우리가 중요한 세부사항을 파고들자마자 이견이 커진다는 것이다. 왜 그런가? 사람들의 상이한 도덕체계가 그러한 세부사항을 완전히 다른 방식으로 구체화하기 때문이다. 그리고 우리의 도덕체계가 우리의 개인적 정체성과 아주 긴밀히 연결되어 있어서 이러한 차이는 우리에게 엄청나게 중요하기 때문이다. 이에 더하여 논쟁적 개념의 현상을 기억하라. 대부분의 사람들은 자유와 평등, 정의, 공정성이라는 낱말이 다른 사람들에게는 무언가 아주 다른 의미를 전달할 수 있다는 것에 주목하지 않는다. 사람들은 대부분 자신들의 해석이 논쟁적인 해당 개념에 대한 정확한 해석이라고 가정한다. 오늘날 미국에서 드러나는 불화는 대부분 이 부정확한 가정에서 기인한다.

지나치게 단순화된 경우에는 미국인들이 모든 범위의 쟁점에 대해 합의할지 모르지만, 쟁점이 구체적이거나 이행될 경우에는 언제나 필연적으로 격렬한 이견을 초래하는 세부사항이 있다. 무엇이 살인인가? 절도는? 해악은? 거짓말 행위는? 지나치게 단순화된 경우에는 엄격한 도덕성 체계와 자애로운 도덕성 체계가 합의하겠지만, 더 복잡한 상황에서는 상이한 대답을 한다.

살인을 예로 살펴보자. 지나치게 단순화된 중심적인 사례에서는 무고한 희생자가 무참하고 고의적인 살해를 당한다. 그렇지만 진보적 도덕체계와 보수적 도덕체계를 끌어들이는 순간 논쟁이 일어난다. 사형을 예로 들어보자. 범죄자는 무고하지 않거나, 적어도 재판에서 유죄로 드러났다. 이것은 국가에 의한 살인인가? 많은 진보주의자들은 그렇다고 말할 것이다. 전쟁에서의 부수적 피해는 어떠한가? 또는 무장강도 사건 중 경찰관의 발포는? 판결은 다양하며, 흔히 사람의 도덕체계에 의존한다. 이제 분명해져야 할 것은 우리 모두가 합의하는 중심적인 경우는 매우 제한적이라는 점이다. 실사회의 사례 대부분은 중심적인 경우와 어울리지 않는다. 바로 이것 때문에 우리의 정치적 이견은 아주 넓은 범위에서 드러난다.

우리는 뇌나 신체와 무관한 개념이 전혀 없다는 것을 뇌과학과 인지과학으로부터 배운다. 여기에는 이성 그 자체와 도덕성 개념이 포함된다. 여타의 개념과 마찬가지로 도덕성도 뇌와 신체로부터 발생한다. 하지만 이 개념이 발생하는 방식은 흔히 복잡하다.

하지만 도덕체계가 인간 뇌의 내부에서 발생한다는 것을 인정하면, 우리는 도덕 개념과 무관할 수 없다. 당신은 자신의 도덕체계는 도덕적이라고 믿고, 여타의 도덕체계는 비도덕적이라고 믿을 수 있다.

도덕성 개념은 안녕—타인의 안녕과 당신 자신의 안녕—에 근거한다. 어떤 도덕적 세계관이 수많은 사람들—심지어는 인류 그 자체—의 안녕에 언제나 불리하게 작용하는 것을 본다면, 당신은 이 세계관을 비도덕적이라 불러야 합리적이다. 이 세계관은 도덕성의 핵심적 내용의 토대 그 자체와 모순되었다. 우리는 극極보수주의자들이 자신의 정치적 입장이 도덕적으로 옳다고 믿는다는 것을 의심하지 않는다. 그러나 우리는 극단적인 보수의 도덕성에 근거한 정책이 사람들에게 해악을 끼치는 것이 보통이므로 이러한 정책이 비도덕적이라고 주장한다.

그래서 우리는 이 모든 것으로부터 단일화의 가능성에 대해 어떤 결론을 내리는가?

대부분 진보적이거나 대부분 보수적인 사람들은 여전히 상대편 가치의 일부를 지니고 있다. 이것이 도덕적 복합성이다. 그리고 도덕적 가치가 조금이나마 중첩하는 사람들은 서로 타협하거나 협조하는 역량을 발휘할 가능성이 높다. 도덕적 가치가 완전히 단일하지 않은 경우에는 그러한 협력이 우리가 얻을 수 있는 최선이다.

진보가 보수에게 당하는 결정적 이유

뇌는 이른바 폭포수cascades•의 관점에서 구조화된다. 폭포수란 많은 뇌 회로를 연결하는 뉴런들의 망이다. 어떤 주어진 이해에 도달하려면 이 모든 연결 회로가 즉시 활성화되어야 한다. 간단히 말하자면, 뇌는 여러 단일 개념을 별개의 개체로 처리하지 않는다. 그러

• cascades는 문자 그대로는 '폭포수'를 의미하지만, 여기서는 은유적으로 뇌과학이나 신경생리학의 전문 용어로 쓰였다. 이 용어는 세포가 외부의 자극을 받을 때 세포막이나 세포 내에 있는 수용체(receptor)가 이 자극을 감지해 세포 내부로 전달하는 반응 과정인 신호전달 과정(signal transduction)을 의미한다. 또한 이 용어는 마치 폭포수의 물줄기가 아래로 갈수록 불어나는 것처럼, 자극 신호를 전달하는 과정이 진행할수록 연쇄적 전달 반응을 일으킨다는 점을 부각한다. 아직은 한국의 신경생리학계나 뇌과학계에 이 용어에 대한 번역어가 정착되어 있지 않은 것으로 보이지만, 이 용어(cascades)의 은유적 의미는 이 책의 맥락에서 충분히 이해할 수 있다. 그래서 문자 그대로 '폭포수'라는 번역어로 옮긴다.

한 개념의 의미를 파악하기 위해서는 더 커다란 맥락—즉 그러한 개념을 정의하는 배경인 논리적 구성체—를 불러낸다.[7] 폭포수가 정치적 이해에서 핵심적인 이유는, 그러한 이해를 구조화하는 논리를 특징짓기 때문이다.

살펴본 바와 같이, 정치적 폭포수에는 위계적인 개념 구조가 있다.

도덕적 가치의 프레임 형성

도덕적 가치를 예시하는 일반적 프레임

도덕적 가치를 사용하는 구체적 프레임

구체적 쟁점

당신이 어떤 특정한 쟁점을 언급할 때, 이 위계보다 더 상위인 모든 프레임과 가치 또한 활성화된다. 이러한 프레임과 가치는 그 쟁점의 도덕적 맥락을 정의한다. 어떤 구체적 쟁점에 대한 어떤 토론이든 전체 폭포수를 활성화하고, 이 구체적인 쟁점에 대한 논증을 듣는 사람들의 뇌에서 이 폭포수의 모든 부분을 강화한다.

다음은 지나치게 단순화한 두 개의 사례이다. 먼저 진보적인 사례를 보자.

도덕적 가치 민주주의는 시민들에게 서로를 보살피고 이 보살핌을 토대로 행동하기 위한 개인적 책임과 사회적 책임을 다하도록 요구한다.

일반적 프레임 정부는 모든 사람을 동등하게 보호하고 모든 사람의 역량을 동등하게 강화하기 위해 공적 자원을 제공해야 한다.

구체적 프레임 정부는 약물 치료를 비롯하여 모두가 그 비용을 감당할 수 있는 건강관리제도를 보장해야 한다.

구체적 쟁점 정부는 건강보험계획안에 경구피임약 구입비용의 보장 조항을 넣고, 고용주에게 그러한 비용을 부담하도록 해야 한다.

다음은 위와 대조되는 보수적인 사례이다.

도덕적 가치 민주주의는 모든 시민들에게 자신의 사익을 자유롭게 추구하고 타인의 이익에는 제한적으로만 관심을 가질 자유를 보장한다.

일반적 프레임 공적 자원은 최대한 민영화해야 한다. 어떤 사람에게도 다른 사람이 사용하는 자원의 비용을 부담하도록 강요해서는 안 되기 때문이다.

구체적 프레임 정부는 건강관리제도에서 어떤 역할도 맡지 않아야 한다. 어떤 사람도 다른 사람의 건강관리 비용을 지불해서는 안 되기 때문이다.

구체적 쟁점 정부는 건강보험계획안에 경구피임약 구입비용의 보장 조항을 넣거나 고용주에게 그러한 비용을 부담하도록 해서는 안 된다.

정치적 사고에서 폭포수는 흔히 매우 복잡하다. 폭포수에는 수많은 물줄기가 있을 수 있고, 각 물줄기에는 우리가 방금 개괄했던 종류의 구조가 있다. 그리고 폭포수에는 경제적·성적·종교적·정치적 가치를 구조화하는 가정 가치 은유가 들어 있다. 위에서 논의했던 복잡한 폭포수의 사례를 더 상세하게 살펴보기로 하자. 즉 건강보험계획안이 경구피임약 구입비용을 보장해야 하는가의 문제 말이다. 이 쟁점을 도덕의 측면에서 정의하는 진보적 폭포수는 자애로운 부모 가정 가치로 시작한다. 즉 남편과 아내는 동등하다. 남편과 아내는 자신의 자녀에게 감정이입을 하고, 자신과 자녀를 책임지며, 자녀와 서로를 보살핀다. 또한 이들은 타인에게 감정이입을 하고 타인을 보살피며, 자신에 대한 개인적 책임은 물론 타인을 위한 사회적 책임도 떠맡도록 자녀를 양육한다. 이를 바탕으로 세 갈래의 논리가 펼쳐진다. 각 갈래의 논리에는 자애로운 도덕성으로부터 나오는 최고의 도덕 원리가 존재하며, 이 도덕 원리를 경구피임약에 관한 정책 쟁점에 연결하는 일련의 후속 프레임이 있다.

갈래 1

- 자애로운 부모 가정에서의 중심적 가치는 타인에 대한 감정이입이다. 이 가치는 개인적 책임은 물론 가정 내의 타인에 대한 사회적 책임을 동반한다.
- 진보주의에서는 감정이입과 개인적 책임, 사회적 책임에 의해 모두를 보호하고 모두의 역량을 강화하는 공적 제도의 확립에 매진하게 된다.
- 감정이입으로 인해 타인의 건강에 대해서도 관심을 갖게 된다. 정부는 모두가 감당할 수 있는 저렴한 건강관리제도의 제공을 도모해야 한다.
- 원치 않는 임신은 모든 관련 당사자들에게 해악을 끼칠 수 있기 때문에, 피임은 건강관리의 본질적인 국면이다.
- 따라서 건강보험계획안은 경구피임약 비용을 보장해야 한다.

갈래 2

- 자애로운 부모 가정에서는 남편과 아내가 동등하다. 타인에 대한 감정이입은 타인의 자유와 자아성취에 대한 존중으로 이어진다. 자유를 누리고 자아성취를 하려면 충분한 보살핌을 받아야 한다.
- 진보주의에서는 남성과 여성이 정치적으로나 사회적으로 동등해야 한다. 자유와 자아성취가 매우 중요하다. 자유와 자아성취는 둘 다 국민

을 충분히 보호하고 국민의 역량을 강화하는 정부를 필요로 한다.

- 자유와 자아성취는 건강을 필요로 한다. 따라서 정부는 저렴한 건강관리제도 보장에 대한 사명감을 가져야 한다. 이 제도에서는 건강관리 비용을 경제 전체에서 산출하는 부로 지불한다. 이것이 공정한 이유는 아무도 정부가 제공하는 보호와 역량강화, 공적 지원 없이 성공할 수 없기 때문이다.
- 성적 자유는 자유의 본질적인 형태이고 자아성취는 흔히 가족계획을 필요로 하기 때문에, 피임은 건강에 매우 중요하며 자유와 자아성취를 허용한다. 이것은 남성이나 여성에게 동일하다. 그리고 경구피임약은 건강관리의 일부이기 때문에 정부는 이 약을 다른 형태의 건강관리와 동일하게 처리하도록 규정해야 한다.
- 따라서 건강보험계획안은 경구피임약의 구입비용을 보장해야 한다.

갈래 3

- 자애로운 부모 가정에서는 아이들에게 자기 자신의 이익을 따르고, 자신의 신념을 가다듬고, 자신의 정체성을 형성하도록 장려한다.
- 진보주의의 자유에는 모든 개인을 위한 종교의 자유가 포함된다. 어떤 사람도 자기 기관의 종교적 신념을 다른 사람에게 강요할 수 없다.

- 만일 고용주가 자기 기관의 종교적 신념을 종업원들에게 강요한다면, 그것은 종업원의 종교적 자유에 대한 침해일 것이다.
- 종업원의 건강관리에 기여하는 고용주가 피임에 대한 자신의 종교적 반대 입장을 종업원들에게 강요할 수 없다.
- 따라서 고용주는 경구피임약을 필요로 하는 종업원들에게 이 약을 제공하기 위한 기금을 내야 한다.

이제 논의의 방향을 돌려, 이에 대응하는 보수적 폭포수를 살펴보자. 이 폭포수에도 역시 세 갈래가 있으며, 이들은 하나의 복합적인 폭포수를 형성한다. 그리고 이 복합적인 폭포수는 단 하나의 특수한 경우—건강보험계획안이 경구피임약의 비용을 보장해서는 안 된다는 정책 입장—를 지니고 있다. 각 갈래 폭포수의 가장 높은 프레임은 엄격한 아버지 도덕성으로부터 나온다. 이 도덕성은 보수적인 도덕 원리에 대응한다. 각 갈래의 폭포수는 보수적인 도덕 원리를 정책 입장에 연결하는 논리로 구성된다.

갈래 1

- 엄격한 부모 가정에서는 아버지가 자기 자신과 가정을 부양할 책임을

지지만 타인에 대한 책임은 지지 않는다.

- 보수주의에서 민주주의란 시민들이 타인의 이익에 대한 어떤 사회적 책임도 없이 자신의 이익을 추구할 자유를 지니는 것을 의미한다. 각 시민은 자신과 가족을 부양할 책임을 지지만, 타인에 대한 어떤 사회적 책임도 지지 않는다. 어떤 사람도 가족을 제외한 다른 사람의 비용을 지불해서는 안 된다. 공적 자원은 최대한 민영화해야 한다. 공적 제도와 공적 서비스는 타인들의 비용을 지불하는 것에 해당한다.
- 기업은 자신의 이익을 최대화할 권리와 주주들의 이익을 최대화할 책임을 동시에 지니고 있다.
- 정부의 건강관리는 사람들이 타인의 건강관리 비용에 들어가는 세금을 납부하는 것에 해당한다.
- 타인의 경구피임약 비용을 부담하는 것은 타인의 건강관리 비용을 부담하는 것이다.
- 따라서 고용주는 타인의 경구피임약 구입비용을 부담해서는 안 된다.

갈래 2

- 엄격한 아버지 가정에서는 아이들이 도덕의식이 계발된 채로 태어나지 않는다. 도덕의식의 계발은 옳고 그름을 가르쳐야 할 엄격한 아버지

의 책임이다. 그러므로 아버지는 자녀들이 잘못할 때에는 벌을 주어야 한다. 신체적인 훈육을 받음으로써 아이들은 도덕적 절제력을 기른다.

▶ 보수주의 관점에서는, 경구피임약으로 인해 미혼 여성들이 임신의 부담 없이 성적 쾌락을 마음껏 탐닉하게 된다. 그러한 부담은 피하면서 금지된 쾌락에 탐닉하는 것은 비도덕적인 행동이다.

▶ 어떤 사람도 임신의 부담이 없이 탐닉하는 타인의 성적 쾌락에 소요되는 비용을 부담해서는 안 된다.

▶ 따라서 어떤 사람도 다른 사람의 경구피임약 구입비용을 부담해서는 안 된다.

갈래 3

▶ 엄격한 아버지 가정에서는 아버지가 자녀들에 대한 합법적인 권위를 지니며 자신의 도덕과 종교적 가치를 그들에게 부과할 권리와 책임을 지닌다.

▶ 보수주의에서는 어떤 정부기관에 대해 합법적 권위를 지니고 있는 사람은 누구나 자기 기관의 종교적·도덕적 가치를 아랫사람들의 행동에 부과할 권리와 의무를 지닌다.

▶ 따라서 종교적으로나 도덕적으로 산아제한을 못마땅하게 여기는 고용

주는 경구피임약 구입비용을 부담해서는 안 되고, 오히려 경구피임약을 사용하는 종업원들을 해고할 수 있어야 한다.

위에서 보는 바와 같이, 보수적 도덕 논리의 다양한 갈래는 보수주의자들이 산아제한에 대해 펼치는 너무도 확고한 주장으로 이어진다. 뇌의 시각에서는 이 정책 입장을 지지하는 주장을 펼치면, 도덕 프레임의 추론을 비롯하여 이 세 갈래 논리가 보수주의자들의 뇌와 부분적으로 보수적인 무당파 지지자들의 뇌, 마음을 아직 정하지 않았을 수도 있는 부동층 유권자들의 뇌 속에서 자동적으로 활성화된다.

각 갈래의 상위 프레임에는 일반적인 보수적 입장이 들어간다. 예를 들어 민주주의와 자유에 대한 보수주의 견해, 시장에 대한 보수주의 견해, 종교에 대한 보수주의 견해, 권위와 통제에 대한 보수주의 견해 등을 보라. 경구피임약에 대한 주장은 단지 경구피임약과만 관련이 있는 것이 아니라, 전체 유권자들의 뇌 속에서 일반적인 보수적 프레임과 도덕 가치를 활성화하는 계기가 된다.

사용의 차이

진보주의자에게든 보수주의자에게든, 이 쟁점은 물론 다른 쟁점에도 폭포수는 존재한다. 차이는 이 정책의 경우뿐 아니라 모든 정책과 관련하여 보수적 폭포수가 진보적 폭포수보다 더 빈번하고 강렬하게 활성화된다는 점이다. 보수주의자들이 폭포수의 활성화를 훨씬 잘 유발하는 이유는, 정치적 소통의 도덕적 토대를 더 깊이 이해하고 있기 때문이다.

경구피임약의 경우, 진보적 논증의 토대는 여성 건강이었지 자유와 평등, 종교적 자유가 아니었다. 오히려 진보적인 사람들은 '여성을 위한 전쟁' 프레임을 선택했다. 이 프레임은 보수적 정책이 여성에게 해악을 끼친다는 진짜 사실을 토대로 한다. 이 해악은 경구피임약의 경우뿐 아니라, 배우자 학대 치유를 위한 기금을 삭감할 때나 낙태와 가족계획 전반을 위한 기금을 삭감할 때, 낙태를 신중히 고려하는 여성들에게 극히 침습적이며 불필요한 질 수술을 강요할 때에도 발생한다.

'여성을 위한 전쟁' 전략은 진보적 여성들을 하나의 명분으로 묶고 여성들에게서 기금을 조달받는다는 이점이 있다. 하지만 이 전략에는 몇 가지 약점이 있다. 첫째, 이 전략은 여성이 공격받는 희생자라는 프레임을 사용한다. 둘째, 이 전략은 보수주의자들이 여성들을 공격하는 의식적인 운동에 관여한다고 가정한다. 하지만 이 가정은 오직 진보주의자만 수용할 뿐 대부분의 보수주의자는 아마도 사실이라 생각하지 않을 것이다. 셋째, 이 전략은 경구피임약의 쟁점을 주로 경제적인 쟁점으로 보는 보수적인 여성들을 배제한다. 그러한 여성은 '왜 내가 타인의 경구피임약 비용을 부담해야 하지?'라고 묻는다.

간단히 말해 민주당은 온건파와 무당파, 부동층 유권자들의 마음속에 진보의 일반적 가치를 장려하지 않고, 단지 진보적인 사람들에게만 매력적일 뿐 보수적인 사람들이 사용하는 폭포수를 약화하지 못하는 프레임을 사용한다. 폭포수에 관심을 충분히 기울이지 않은 탓에 진보주의자들은 공적 담론의 가장 효율적인 부분을 보수주의자들에게 내주고 있다.

폭포수는 신경 논리에 따라 작동한다. 폭포수는 수학적 의미의 논리적 주장이 아니다. 고전적인 논리에서는 결론의 부정이 논증의 전제를 부정한다고 주장한다. 그러나 폭포수에서는 그 역이 참일 수 있다. 경구피임약 구입비용을 고용주가 부담하는 것이 타당하다고 생각하는 사람의 귀에 보수적인 폭포수가 반복해서 들린다고 가정해보라. 그러면 폭포수 전체가 보수적인 논증과 도덕 원리를 강화하는 효과를 낼 수 있다. 그 이유는 부정의 심층 속성과 관련이 있다. 이 속성은 조지 레이코프의 저서 《코끼리는 생각하지 마Don't Think of an Elephant!》에서 확인할 수 있다. 어떤 긍정적인 프레임을 부정하면, 그 프레임이 활성화된다. 만일 코끼리를 생각하지 않으려 한다면, 당신은 코끼리를 떠올릴 것이다.

가치는 사실이나 숫자보다 강하다

진보의 전통적 담화 전략은 이성의 실제 작동 방식을 탐구하는 과학과 일치하지 않는다. 그러한 담화 전략을 이 과학에 비추어 개선할 수 있는 몇 가지 방안이 있다.

진보적인 사람들은 정책에 대해, 정확하고 자세한 사실과 숫자 정보에 대해 말하는 경향이 있다. 그러나 살펴본 바와 같이, 정책은 도덕에 근거한 프레임 폭포수의 일부로서만 의미가 있다. 프레임의 대부분은 무의식적이며, 뇌 속에서 은밀하게 작동한다.

진보적인 사람들은 보수적인 사람들을 인용하여 반대 논증을 펴고 실제 사실을 언급하길 좋아한다. 이는 거의 아무런 효과가 없다. 만일 어떤 보수적인 사람이 '불필요한 지출을 삭감하라'라는 주장을 펼친다면, 진보적인 사람들은 이 주장에 반대하는 논증을 펼쳐서는 안 된다. 그들은 자신이 믿는 바를 말해야 한다. 예를 들어, 이렇게 말하라. "경제는 현재 현금의 투입을 필요로 한다. 그래야 사람들이 우리의 기반시설을 재건하고 우리 경제의 성장을 견인하는 활동에 참여할 수 있다."

일부 평론가들은 보수적인 사람들이 자신의 경제적 이익에 반하는 투표를 한다고 지적한다. 그런 평론가들은 중요한 사실을 놓치고 있다. 보수적인 사람들은 자신의 도덕적 이익에 따라 투표를 하고 있으며, 앞으로도 계속 그렇게 투표하리라는 사실 말이다. 진보적인 사람들은 정책과 도덕의 차이를 이해하고, 도덕이 정책을 압도한다는 사실을 이해해야 한다. 도덕적 담론은 절대적으로 필요하다. 민주당은 이 점을 이해하지 못했으며, 바로 이것이 그들이 2010년 하원선거에서 패배했던 주요한 원인이다.

언제나 정책에 맞는 도덕적 맥락을 결정하라

민주당을 위해 우리는 진실성과 투명성을 추천한다. 당신의 가치를 이해하고, 이 가치를 큰소리로 반복해서 말하라. 사실을 정직하게 사용하고, 사실과 정책을 가치에 명확하게 연결하라. 이러한 일을 반복해서 행하라. 사람들이 옳고 그름에 대한 당신의 생각이 무엇인지와 왜 당신이 현재의 입장을 취하는지를 알도록 일관성을 유지하라. 이 일은 단지 개인적으로만 실행하지 말고, 당 차원에서 함께 실행하라. 오바마 행정부는 이 일을 실행할 수도 있었고, 자유와 생명에 대해 얘기할 수도 있었다. 예를 들어, 다음과 같이 말이다.

- 암에 걸렸는데 의료보험이 없다면 당신은 자유롭지 않다. 당신은 죽을 수도 있다.
- 가족을 살리기 위한 비용을 지불하기 위해 당신의 집을 팔아야 한다면 당신은 자유롭지 않다.
- 당신이 치료를 받아야 할 때 건강보험계획안이 당신의 치료비 보장을 거부한다면, 당신의 자유를 부인하는 것이다.

진보적인 사람들은 이러한 사항이 분명하다고 생각할지 모르지만, 사실은 그렇지 않다. 이러한 사항은 반복적으로 명확히 표현해야 한다. 사실과 가치를 이어주는 연결이 더 강화되길 바란다면 말이다.

민주당 지지자로서 우리는 효율적이고 정직하고 투명하게 의사소통하여 우리의 가치와, 주요한 프레임과 사실, 정책을 함께 묶어야 할 도덕적 의무를 지니고 있다. 우리는 이것을 어떻게 행할 수 있는가? 가치를 정책에 연결하는 폭포수를 만드는 일을 일상적으로 실천하라. 이 일은 친구나 동료와 함께 실행하라. 어떤 입장을 지지할 때에는 특정 쟁점은 물론 도덕적 토대와 일반적 쟁점에 대해 말하는 것을 생활화하라. 정책에 대해 이견이 있다 하더라도 진보적인 사람들은 가치를 공유할 수 있다. 하지만 그들은 이 사실을 인식하지 못할 수 있다. 너무나도 흔히, 가치를 논의하기보다 당연시하기 때문이다.

진보적인 사람들은 또한 무엇을 피해야 하는지 알아야 한다. 가장 중요한 것은 보수적인 언어를 반복하지 않는 것이다. 보수의 언어를 반복하면 보수의 생각이 계속 따라온다. 그리고 언어 이면의 보수적인 개념과 가치가 대중의 뇌 속으로 들어올 수 있다. 하나의 실례는 우리가 찬사를 보내는 조직인 퍼블릭 시티즌•이다. 최근 퍼블릭 시티즌은 단일지불자single payer 건강관리제도에 대한 우익의 신

• Public Citizen. 의료와 사회안전망, 민주주의 보호를 목표로 1971년 창립된 미국의 비당파·비영리 시민단체이다.

화와 거짓말을 반박하는 논증을 펼침으로써 (우리가 동의하는) 이 제도를 장려하는 자료를 배포했다. 우익의 신화와 거짓말은 크고 굵은 글자체로 아래와 같이 나열되어 있었다.

- 단일지불자 제도는 사회주의 의료이다.
- 단일지불자 제도는 캐나다의 경우처럼 치료의 제한을 초래할 것이다.
- 단일지불자 제도 아래에서는 의료비용이 엄청나게 높아질 것이다.

각각의 신화 뒤에 '사실이 아님'이라는 반박이 있고 그 뒤에 작은 보통 크기의 글자로 쓴 세탁 목록이 나왔다.[8] 보수적 입장을 되받아치려 하면서 퍼블릭 시티즌은 보수의 신화와 거짓말을 굵은 글자체로 반복하고 부정함으로써 오히려 무의식적으로 장려하고 있다. 훨씬 더 나쁜 것은, 주요한 도덕 메시지가 짙은 글자체로 쓴 보수 도덕의 메시지라는 점이다.

대안은 무엇인가? 바로 도덕적 토대와 근본적인 진리를 굵은 글자체로 제시하는 것이다. 첫째, '단일지불자'는 아주 나쁜 이름이다. 이 이름은 정책의 내용이 무엇인지를 알려주지 못한다. 더욱이 '지불'은 사고판다는 이미지를 불러내어 건강관리를 경제 프레임 내에 둔다. 건강과 생명, 건강이 가져다주는 자유를 마치 사고팔아야 하는 것처럼 말이다. '모두를 위한 의료보호Medicare for all'가 더 효과적인 용어이다. 그래서, 당신은 무슨 말을 해야 하는가?

- 모든 사람의 생명은 모두를 위한 의료보호에 달려 있다. 건강은 생사가 걸린 문제이다.
- 모든 사람의 자유는 모두를 위한 의료보호에 달려 있다. 만일 심각한 병에 걸리거나 사고를 당했는데 치료를 받지 못한다면 당신은 자유롭지 않다. 이것은 조만간 거의 모든 사람이 겪을 문제이다.
- 모두를 위한 의료보호는 병든 미국을 위한 치유책이다. 미국인들은 서로를 보살핀다. 이것이 우리 민주주의의 토대이다. 애국심은 모두를 위한 의료를 필요로 한다.
- 모두를 위한 의료보호는 당신과 당신 의사의 문제이다. 당신의 의사는 당신을 알고, 두 사람만이 당신의 건강에 대해 최선의 결정을 내릴 수 있다.

이 말의 핵심은 최선의 방어가 강력한 공격이라는 점이다. 인지과학에서 나오는 기본적인 귀결은 언제나 긍정적인 것을 앞에 두는 것이다. 무엇이 먼저 오든 그것이 프레임을 정하고, 사실을 해석하는 방식을 결정한다.[9] 최초의 프레임 형성이 전체 담화를 구조화한다. 이것은 당신이 그 프레임 형성에 반대하는 논증을 펴는지 혹은 찬성하는 논증을 펴는지와 무관하다.

제 발등 찍기

미디어 매터스Media Matters•와 그의 동반 사이트인 폴리티컬 커렉션Political Correction은 미국의 공적 담론을 감시하는 가장 중요한 조직 중 하나이다. 직접적으로든 간접적으로든, 공적 담론의 건강은 이들이 자신의 임무를 얼마나 잘 수행하는가에 달려 있다. 우리는 이 조직이나 다른 공적 담론 감시 조직이 개선될 수 있다고 믿는다. 정치적 신화와 거짓말을 수정하기 위해 계속 굵은 글자체로 표기하는 일을 반복할 필요가 없다. 물론 악당이 누구인가를 당신의 도덕적 시각에서 지적해야 한다. 하지만 당신은 왜 악당이 악당인가를 보여주

• 정확한 명칭은 Media Matters for America로 2004년 언론인이자 정치 운동가인 데이비드 브록(David Brock)이 설립한 진보 성향의 언론 감시 단체이다. 미국 언론의 보수적이고도 잘못된 정보를 종합적으로 감시하고 바로잡는 임무를 수행하고 있다.

기 위해 당신 자신의 세계관으로 논의를 시작해야 한다.

미디어 매터스가 언제나 이렇게 활동하는 건 아니다. 예를 들어, 이 기사제목을 보라. "CNN의 대너 로에쉬•: 앨 고어의 기후변화 기록 영화는 레니 리펜슈탈•• 영화와 같은 수준의 정치선전이었다."[10] 미디어 매터스는 상대의 말을 인용하면서 상대의 신념을 홍보하고 있다. 그것도 기사제목에서 말이다. 기사제목은 토론의 나머지를 위한 프레임을 정한다.

진보적인 텔레비전 평론가들도 똑같은 패턴의 오류를 범하는 경향이 있다. 첫째, 그들은 어떤 보수적인 인사에게서 따온 인용문을 낭송하거나 보수적인 영화의 한 장면을 보여주고, 보수적인 주장을 큰소리로 반복한 뒤에야 그 주장을 반박하는 사실을 제시할 것이다. 사회운동가들의 행동양식도 동일하다. '월가를 점령하라' 시위대의 선전판에는 이렇게 적혀 있었다. "오바마는 무상 의료를 선물하는 갈색 피부의 반전 사회주의자가 아니다. …… 당신은 예수를 떠

• Dana Loesh. 1978년생으로 미국의 보수 사이트인 〈더 블레이즈The Blaze〉의 라디오 토크쇼와 텔레비전 쇼 진행자이며, 폭스 뉴스, CNN, CBS, ABC, HBO 등에 정치평론가로 출연한다.

•• Leni Riefenschtahl(1902~2003). 독일의 여성 영화감독으로 1933년 나치당 선전을 위한 〈신념의 승리〉로 히틀러의 총애를 받았으며 1936년 베를린 올림픽의 〈올림피아〉를 통해 기록영화의 독보적인 존재로 올라섰다. 그녀는 나치를 위한 선전 도구라는 비난을 받았으며, 2차 대전이 끝난 뒤 전범으로 재판을 받았다.

올리고 있다." 이 선전판의 문제는 이 문구를 읽는 사람들이 관심을 기울이는 것은 오바마를 비난하는 부분이지 그 부정이 아니라는 점에 있다. 오바마 자신은 보수의 건강관리제도 공격에 대한 반응으로 계속해서 이렇게 말했다. "이는 정부가 의료보험을 접수하는 것이 아니다." 이 말을 들은 사람들의 마음속에는 오히려 '정부가 의료보험을 접수하려 한다'는 생각이 떠오른다.

이제 관심을 낱말로 돌려보자. 어떤 낱말이 효과적으로 작동하는지, 그리고 왜 그러한지.

단순하게 말하라

인지과학에서는 낱말이 단순할 때 우리의 마음에 가장 강력한 영향을 미친다는 것을 밝혀냈다. 전문적인 용어로 말하자면, 이러한 낱말은 기본층위이다.[11] 기본층위 낱말은 짧은 편이다. 기본층위 낱말은 아이들이 가장 쉽게 배우는 낱말이며, 우리의 가장 기본적인 개념 목록을 구성한다. 우리는 기본층위 낱말을 쉽게 기억하고, 기본층위의 언어를 사용하는 메시지를 가장 잘 다시 불러낼 것이다.

기본층위 낱말이 가장 잘 작동하는 이유는, 가장 쉽게 처리할 수 있기 때문이다. 하지만 이것은 그러한 낱말이 단세포적이라는 의미는 아니다. 완전히 정반대이다. 그러한 낱말은 복잡하다. 그러한 낱말의 복잡성은 그러한 낱말이 신체에 연결되는 방식과, 그러한 낱말에 대한 우리의 지식이 운동과 지각의 기본적인 신경기제와 통합되는 방식에서 나온다.

기본층위 낱말은 우리의 마음속에 영상을 활성화한다. 예를 들어, 기본층위 낱말인 **의자**chair는 어떤 의자의 영상을 불러낸다. 더 일반적인 낱말—즉 더 상위의 낱말—인 **가구**furniture는 어떤 특정한 영상도 불러내지 않는다. 기본층위 낱말은 우리 뇌 속의 운동 프로그램을 우리의 발화 이해의 일부로 활성화한다. 예를 들어, 낱말 **고양이**cat는 수많은 고양이와의 원형적인 상호작용(예: 쓰다듬기)과 관련이 있는 운동 프로그램을 불러낸다. 낱말 **동물**animal은 그러한 운동 프로그램 가운데 어느 것도 활성화하지 않는다. 간단히 말해 기본층위 개념은 의사소통에서 가장 강력하고 효과적인 개념이다. 바로 기본층위 개념이 신체에 연결된다는 사실과, 그러한 개념이 지닌 의미의 여러 국면이 통합되는 방식 때문이다.

공적 담론에서 상위 낱말과 기본층위 낱말을 선택하는 하나의 실례로, 환경 토론을 생각해보자. 낱말 **환경**environment은 추상적인 개념이다. 이 낱말을 들을 때, 마음에 떠오르는 명확한 영상은 단 하나도 없다. 어떤 복합적인 운동 계획도 시각적인 영상도 활성화되지 않는다. 이것을 숲[forest], 토양[soil], 물[water], 공기[air], 하늘[sky] 등의 낱말과 대조해보라. 이러한 낱말은 분명한 영상을 마음에 떠오르게 한다. 지금까지 우리는 모두 하늘을 보았고, 물을 만졌고, 공기를 호흡했고, 숲속을 거닐었다.

기본층위 낱말을 탐사할 때에는 다음 점검표가 유용하다. 어떤 낱말을 검토할 때 자문해보라.

- 나는 그것을 눈으로 직접 본 적이 있는가?
- 나는 그것을 만져보거나 그것과 직접 상호작용을 해본 적이 있는가?
- 나는 그것의 냄새를 맡아보거나 소리를 들어본 적이 있는가?
- 나는 펜을 들고 사람들이 알아볼 그림, 심지어 선화[線畫]를 그려본 적이 있는가?
- 나는 사람들이 알아볼 팬터마임을 내 몸으로 직접 연기해본 적이 있는가?

이 가운데 어느 것도 적용되지 않는다면, 당신은 아마도 너무 높은 층위에서 의사소통을 하고 있는 것이다. 당신의 언어는 덜 강력할 것이다.

절실하게 전달하고 진정성을 가져라

선거에 출마해 당선된 사람들을 위한 마지막 메모가 여기 있다. 물론 우리가 말하는 내용은 다른 사람들에게도 적용되지만 말이다. 정치는 사람들과 관련이 있다. 정치는 사람들을 위해 일하는 것과 사람들을 대표하는 것, 시민들의 일상생활과 관련이 있다. 정치에 의해 이러한 질문의 답이 바뀐다. 우리는 어떻게 살아가는가? 우리는 어떤 희망을 지니고 있는가? 우리는 건강한가 아니면 아픈가? 우리 아이들은 대학에 갈 수 있는가? 우리의 지역 박물관은 문을 여는가? 우리 저녁 식탁의 음식은 먹기에 안전한가?

요점은 이것이다. 일반적인 것에 대해 말하는 일은 흔히 중요하지만, 우리는 언제나 메시지를 절실하게 전달해야 하고, 구체적인 것에 대해 말하는 일을 피하지 않아야 한다. 사람들은 정책이 어떻게 자신의 삶에 영향을 미치는지를 알고 싶어 한다. 이것을 알게 하는 가장 쉬운 길은 당신 자신의 가정이나 친구, 종교기관, 공동체에 대한 실제 얘기를 당신이 만난 사람들과 공유하는 것이다. 이야기를 더 많은 청중과 공유하라. 이는 당신이 그들의 말을 경청했다는 것, 당신이 그들을 존중한다는 것, 그들의 이야기가 당신이 이 나라를 위해 만드는 정책에 영향을 미친다는 것을 의미한다.

당신이 은퇴자들에게 적절한 건강관리 프로그램을 제공할 개혁을 지지한다고 말하라. 아마도 당신은 투약 부족과 빈약한 의료로 인해 허덕이는 지역공동체의 한 노인을 알 것이다. 그 사람에 대해, 그 사람의 고난에 당신이 어떤 기분을 느끼는지에 대해, 그 사람의 고난과 같은 경우가 왜 정확히 당신이 그 개혁을 제안하는 이유인지에 대해 몇 마디를 공유하라.

당신의 가장 기본적인 가치가 무엇인지 사람들에게 전달하고 싶다고 말하라. 당신은 어떻게 그러한 가치를 배웠는지에 대한 이야기를 공유할 수 있다. 가령 당신의 부모와 친구, 선생님, 시민적 용기를 보여줌으로써 당신에게 인상을 주었던 이방인, 당신이 현재의 그런 사람이 되도록 영감을 주었던 누군가로부터 그러한 가치를 배웠다고 말하라. 인도적이고 정직하게 행동하라. 정치는 사람들을 위해, 사람들과 함께, 사람들이 하는 것이다. 당신과 당신이 대변하는 사람들 사이에 인위적인 거리를 만들지 말라. 당신에게 이 나라를 위해 일하도록 영감을 준 그 이야기들을 공유하라.

요약

- ▷ 당신 자신의 언어를 사용하라. 절대로 상대의 언어를 사용하지 말라.
- ▷ 당신이 믿는 바를 자각하고, 계속 반복해서 말하라. 당신이 옳다고 믿지 않는 개념은 절대로 반복하지 말라. 설령 그러한 개념에 반대하는 주장을 펼친다고 해도 말이다.
- ▷ 긍정적이 돼라.
- ▷ 진정성을 보여라.
- ▷ 절실하게 전달하라.
- ▷ 단순하게 말하라.

II

극단적 보수주의의 민낯

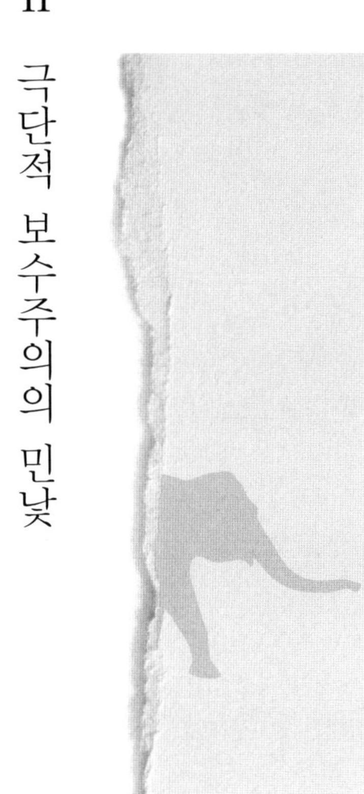

■ 극단성 ■

인간의 권리와 존엄을 빼앗는 전염병

미국의 전통적인 민주주의는 세상을 아름답게 만들었다. 시민들이 서로를 보살피고 자신은 물론 동료 시민들을 책임진다는 개념은 도덕적으로 아름답다. '모두가 제공하는 삶의 질 향상을 위한 자원'이라 정의되는 공적인 것을 사용하여 모든 시민을 똑같이 보호하고 모든 시민의 역량을 똑같이 강화할 정부의 임무 역시 아름답다. 이 임무는 문명화된 인간적인 사생활과 사기업의 번영에 기여해왔다.

극단적 보수주의는 이와 정반대인 견해이다. 극단적 보수주의의 정치적·사회적 실행은 미국 민주주의가 우리에게 가져다준 것을 위협할 것이다. 어디서든 극단적 보수주의는 인간적인 정부에 대한 위협이다. 다행히 보수주의자들은 극단적이지 않으며, 지금까지 그들이 언제나 극단적인 것도 아니었다.

대부분의 사람들은 보통 어떤 유형의 보수적인 도덕 가치와 어떤 유형의 진보적인 도덕 가치를 둘 다 지니고 있다는 점에서 복잡하다. 이 두 유형의 도덕 가치는 서로 다른 쟁점 영역에 적용된다. 이러한 사람들은 자신을 단순히 보수적이라거나 진보적이라고 분류하지만 실제는 자신의 도덕적 목록 내에 정반대의 시각을 지니고 있는 사람들뿐 아니라, 온건파나 많은 무당파 지지자와 같은 이른바 부동층 유권자를 포함한다.

예를 들어, 어떤 호전적인 진보주의자들은 권위적인 반권위주의자로서 자애로운 목적을 위해 엄격한 아버지의 수단을 사용할 수 있다. 어떤 진보적인 교수들은 정치와 가정생활에서는 자애롭지만, 교실에서는 엄격한 아버지일 수 있다. 사회적으로는 진보적인 경제적 보수주의자들이 있다. 어떤 외교정책 보수주의자들은 국내 정책에서는 진보적 가치를 지지한다. 어떤 사람이 여론조사에서 자신을 보수주의자나 자유주의자, 진보주의자로 분류한다는 이유만으로 그 사람이 철저히 이들 중 어느 한쪽이라고 볼 수 없다.

우리가 보수주의의 극단적인 경우를 논의해갈 때 이것을 명심해야 한다. 비록 완전히는 아니라 하더라도 극단적인 경우의 보수주의가 공화당을 접수했다. 극極보수의 입장은 이제 모든 진지한 공화당 후보는 물론 폭스 뉴스와 모든 보수적 라디오 토크 쇼, 다른 보수적 미디어의 모든 평론가들에게 실제로 필요하다. 그리고 극단적 보수주의자들로 인해 우리의 공적 담론은 극단적으로 보수적인 방향으로 기울었다. 극단적인 보수 언어의 사용은 듣는 사람들의 뇌 속에서 보수의 도덕 폭포수를 활성화한다. 그 결과 보수적 회로는 강화되고 진보적 회로는 약화된다.

이 책으로 우리가 달성하고자 애쓰는 것은 중요한 사실로 드러날 수 있는 신경적 대안이다. 그러한 사실에는 미국인의 삶에서 공적 영역이 수행하는 핵심적 역할, 우리의 공적 생활에서 기업이 지닌 너무도 과도한 힘, 민영화의 약탈적 본성, 인간이 초래한 지구 온난화의 대재앙 현실, 극단적인 보수 정책이 여성의 삶에 미치는 엄청나게 부정적인 영향 등이 있다.

극보수의 담론은 진보적 대안이 없을 때 중립적인 것으로 간주되지만 결코 중립적이지 않다. 이러한 담론은 위험하며, 인간의 안녕에 아주 중요한 사실을 은폐한다. 그것도 미국 내에서뿐 아니라 전 세계에서 그렇게 한다.

우리는 심사숙고하여 전염병이라는 낱말을 이 장의 제목에 사용했다. 극보수가 수십 년에 걸쳐, 특히 지난 10년 동안 공적 담론을 지배한 결과 바로 지금 대재앙이 나타나고 있다. 극단적 보수주의라는 이 전염병은 미국에서 연방의회는 물론 주 입법부 내의 심각한 정치적 균열 속에서 출현한다. 이 경우에는 도덕적 복잡성이 더 이상 허용되지 않는다. 이 전염병은 시티즌스 유나이티드• 판결과 같은 결정으로 나타난다. 이러한 결정 덕택에 기업이 미국의 정치 경주에 무제한의 자금을 지원할 수 있었다. 그리고 극단적 보수주의는 미국 민주주의의 가장 기본적인 국면—공적인 것이 시민들이 서로를 보살피는 수단이라는 생각—을 훼손하는 입법부와 법원의 다른 결정에서도 출현한다. 그러한 결정이 통과되든 계류 중이든 말이다. 간단히 말해 이 전염병은 인간의 권리와 존엄을 빼앗아가는 입법 행위에서, 기업이 공적 생활을 접수하도록 허용하는

• 미국 정부의 시민 통제를 복원하기 위한 활동을 펼치는 보수적인 운동 단체. 이 단체는 교육기관과 옹호자 조직, 풀뿌리 조직의 결합을 통해 작은 정부, 기업의 자유, 강한 가정, 국가의 지배, 국가 안보 등 전통적인 미국 가치의 회복을 주창한다. 하지만 이 맥락에서는 '기업체나 노동단체'의 선거운동 자금 기부를 금지하는 조항의 철폐를 주장하며 이 단체가 연방선거관리위원회를 상대로 2010년에 소송을 제기한 '시티즌스 유나이티드 대 에프시시(Citizens United vs. FCC) 사건'의 판결을 환유적으로 나타낸다. 이 사건에서 미국 연방대법원은 이 조항을 위헌이라 판결했다. 그 결과 거액의 기금을 기부할 수 있는 기업과 거부들의 정치 영향력이 강화되었다.

법원의 결정에서, 기업이 자금을 동원하여 정치적 과정을 부패시키는 관행에서 출현한다.

극단적인 보수주의의 확산은 차단해야 한다. 그렇게 하기 위해서는 먼저 이 전염병을 진단해야 한다.

■ 훈육 ■

엄격한 아버지 모형이 부르는 대재앙의 정책

보수적 사고를 형성하는 데 기여하는 가정 모형—엄격한 아버지 가정 모형—이 극단적 형태를 취하면 아이들에게 해롭다. 다음은 보수적인 자녀양육의 대부인 제임스 돕슨James Dobson이 하는 말이다.

> 어떤 아이가 이처럼 완고한 반항을 시도할 때, 당신은 이 반항기를 제거해야 한다. 고통은 경이로운 정화장치이다. …… 이 아이를 꼭 두들겨 패서 굴복시킬 필요는 없다. 조금만 고통을 주어도 어린아이에게는 큰 효과를 거둘 수 있다. 그렇지만 벌로 엉덩이를 때리려면 어린아이가 정말로 울음을 터뜨릴 정도로 강하게 때려야 한다.

회초리로 다리나 엉덩이를 쓰라릴 만큼 세차게 두세 번 때리면 보통 "넌 나에게 복종해야 해."라는 핵심을 충분히 강조할 수 있다.

자기 부모의 …… 애정 어린 권위에 복종하는 법을 배움으로써 아이는 나중에 자신의 삶에서 부딪칠 다른 형태의 권위—교사나 교장, 경찰, 이웃, 고용주—에 복종하는 법을 배운다.

사소한 고통은 아이에게 훌륭한 동기를 제공할 수 있다. …… 목 뒷부분을 배경으로 포근하게 자리 잡은 근육이 하나 있다. …… 확실히 조이면 이 근육은 뇌에게 어린 전령을 보내 이렇게 말한다. "이것은 정말 아프다. 어떻게 해서든 이 고통을 다시 당하지 마라."

엉덩이를 때리는 것은 생후 15개월 이전에는 부적절하고, 보통 18개월까지는 필요하지 않다.

돕슨의 《과감히 훈육하라Dare to Discipline》와 《강한 의지의 새로운 아이The New Strong-Willed Child》에서 따온 이 인용문은 자녀양육 지침으로 이상적인 엄격한 아버지 도덕성을 이렇게 구체화한다. "아이의 의지를 꺾을 만큼 아주 강하게 훈육해야 한다. 아이들은 권위에 복종하는 법을 배워야 한다. 감정이입은 자녀양육에 방해가 된다."

발달심리학은 엄격한 아버지 자녀양육이 엄청나게 부정적인 결과를 초래한다는 것을 보여준다. 애착 연구는 엄격한 아버지 자녀양육이 감정이입적인 자녀양육보다 반사회적 인격장애자와 폭력적인 범죄자를 양산할 가능성이 더 높다는 것을 보여주었다. 사회화 연구는 이른바 권위적인 자녀양육 방식인 엄격한 아버지 자녀양육이 여러 부정적인 결과를 낳을 가능성이 높다는 것을 밝혀냈다. 구체적으로 낮은 자존감, 도덕적 안내·기준·한계에 대해 다른 사람들—특히 더 높은 권위—에 의존하는 상태, 더 높은 수준의 공격성, 타인을 해치고 싶어 하는 성향, 해로운 유혹에 저항할 수 있는 능력의 결여, 두려움, 감정이입의 결여, 낮은 수준의 사회화 등이다. 배우자 학대와 아동 학대 연구는 학대와 엄격한 아버지 자녀양육 사이에 엄청난 상관관계가 있음을 보여준다.[12]

극단적인 보수주의자들이 자녀를 극단적인 엄격한 아버지 모형에 따라 양육할 수도 있고 그러지 않을 수도 있다. 하지만 그들은 엄격한 아버지 모형을 자녀양육의 이상적인 모형으로 여기고, 종교, 경제, 교육, 사회 정책, 외교 정책, 행정 구조, 사법체계 등 많은 영역에서 정치적 행위에 대한 은유적 지침으로 사용한다. 이 은유를 적용하면 대재앙의 정책이 나온다. 극단적인 보수주의는 엄격한 아버지 도덕성을 모든 영역의 통치에 철저하게 적용한다. 그 결과 가정에서 자녀들에게 가하는 해악이 미국 전역으로, 나아가 세계 곳곳으로 퍼져나간다.

극단적 보수주의의 네 가지 해악

극단적 보수주의는 많은 영역에서 해악을 끼친다. 구체적으로 민주주의와 공적인 것을 조금씩 갉아먹는다. 인간의 정신에 독성을 주입한다. 세계 공동체에서 인간의 고통을 초래하고 미국의 세계 내 지위는 물론 다른 국가와의 우방관계에도 타격을 준다. 따라서 극단적 보수주의는 낙태나 정부 규모, 총기 규제와만 관련이 있는 것이 아니라, 모든 것을 포괄하는 세계관이다. 그리고 극단적인 보수주의의 신봉자들은 모든 시민의 삶을 자신의 영향권 내로 끌어들이고자 한다.

그 결과는 비타협적 태도와 협상의 거부, 다른 도덕관에 대한 강도 높은 공격, 이념 그 자체에 의한 전면 통제의 야망이다. 이런 비타협적 태도는 극단적인 보수주의자들이 지배하는 2010년의 하원에서 나타났다. 그들은 오바마 대통령과 타협하기를 거부했다. 그들의 도덕체계는 타협을 허용하지 않을 뿐 아니라, 극단적 보수주의자들은 만일 이 비타협적 태도가 정부의 기능 부전으로 이어진다면 훨씬 더 좋은 일이라고 믿는다. 왜냐하면 그것은 정부가 작동하지 않는다는 것을 입증할 것이기 때문이다. 그리고 만일 이 비타협적 태도로 인해 진행 중인 사회보장 프로그램이 자금을 지원받지 못한다면, 그것은 훨씬 더 좋은 일이다. 그러한 프로그램은 망가져야 하기 때문이다.

모든 것을 아우르는 극단적 보수주의의 본성과 야망은 보통 숨겨져 있어 보이지 않는다. 극단적 보수주의가 행하는 많은 부분은 두뇌집단이 수행한다. 이들은 공적 생활의 주요한 영역을 통제할 전략적 주도 방안을 찾아내라는 과제를 부여받는다. 이 두뇌집단이 과제를 수행하는 방식은 결정적 쟁점의 선택이다. 이러한 쟁점에 대해 보수적인 대법원 판사들이나 입법자들은 미국인들이 예전에 당연시했던 영역에서 많은 변화를 이끌어냈다. 동시에 보수적인 소통 전문가들은 그러한 주도 방안에 맞는 간단하고 직관적으로 보이는 언어를 찾는다. 그러한 언어는 그러한 쟁점이 미국 민주주의와 공적인 것에 미치는 주요한 영향을 은폐한다.

예를 들면, 1978년 캘리포니아 주민발의안 13호는 여러 해에 걸쳐 자기 집의 가치가 올라 재산세가 인상되었던 아담한 노부인들의 집값을 지켜줄 목적으로 발의되었다. 이 발의안은 세금을 올리려면 시의회에서 3분의 2의 찬성표를 얻어야 한다고 규정했다. 은폐한 내용은 이 발의안이 주로 기업의 부동산에 부과하는 세금을 다루고 있다는 사실이었다. 이후 30년 동안 이 부동산세는 여전히 1978년 수준으로 남아 있다. 또 한 가지 은폐된 것은 캘리포니아 주 헌법의 변화였다. 세금을 올리거나 세금탈루 구멍을 막으려면 상원과 하원에서 3분의 2 찬성표를 얻어야 했다. 캘리포니아 주는 결국 모든 진보적인 주도에 필요한 세입을 확보할 능력을 상실했다. 발의안 13호는 캘리포니아의 공교육과 건강관리, 장애인 보호는 물론 대부분의 다른 사회보장 프로그램을 초토화했다.

또 다른 실례는 대법원의 시티즌스 유나이티드 관련 판결이다. 이 5대 4 판결은 보수적인 재판정이 내렸다. 전문적으로 이 판결은 작은 쟁점, 즉 힐러리 클린턴을 공격하는 2008년의 추악한 선거운동 영화와 관련이 있었다. 대법관 로버츠는 이 쟁점을 기업이 언론의 자유와 관련하여 '사람'으로 간주되는지의 문제로 바꾸었다. 이 판결에서는 언론의 자유를 정치적 광고에 무제한의 자금을 사용하는 것으로 해석했다. 시티즌스 유나이티드는 슈퍼팩Super-PAC•의 결성을 허용했고, 슈퍼팩은 선거를 위해 무제한의 자금을 모을 수 있다. 그 결과, 부유한 보수주의자들과 기업은 모든 수준에서 극단적인 보수주의자들의 당선을 도울 수 있는 엄청난 힘을 부여받았다.

대체로 이러한 변화는 이 국가의 이념적 균형에 결국 엄청난 변화를 초래하는 많은 작은 쟁점들로부터 출현했다. 예를 들어, 극단적인 보수주의자들은 이른바 '작은' 정책 제안·조치를 실행하여 여성의 성적 취향과 생식生殖 건강을 통제하고자 애쓴다. 이러한 제안·조치에는 성교육의 불법화, 가족계획에 대한 재정 지원 중단, 경구피임약의 유용성 제한, 낙태시술 의사에 대한 세금 공제 폐지, 부모와 배우자에게 낙태 계획을 통지할 의무 부여, 강간 피해자에 대한 낙태 거부, 군복무 중 강간당한 여성에 대한 낙태 비용 보전 거부,[13] 저

• 'PAC'이란 political action committee의 약자이다. 미국에서 '특별정치행동위원회'라고 불리는 민간단체로 선거에서 특정 후보를 지지하기 위해 주로 정치자금 모집이나 광고활동을 한다. 캠프에는 소속되지 않고 외곽에서 지지 활동을 벌이는 슈퍼팩의 특징은 합법적인 모금을 할 수 있다는 것이다. 개인의 기부 액수에 제한이 없어 헤지펀드와 미디어 회사, 재계 거부들이 거액을 기부한다. 노조나 환경단체가 구성하는 소규모 팩(PAC)보다 기부자의 범위와 모금 단위가 훨씬 더 크다.

소득 여성의 생식 건강 서비스를 위한 연방기금 지원 중단,[14] 초음파 촬영 명목으로 낙태를 원하는 여성들의 질에 탐침장치의 삽입 강요,[15] 사망한 태아를 여성에게 출산 시기까지 자궁에 담고 있도록 하는 강제 행위,[16] 유사한 여성에 대한 살인죄 기소[17] 등이 있다. 이러한 제안·조치 가운데 어느 것도 그 자체로는 여성의 성적 취향 통제와 생식 건강 통제라는 일반적인 쟁점과 관련이 없다. 그래서 이 일반적인 쟁점은 전국적인 공적 토론에서 절대로 논의되지 않는다.

민주주의에 미치는 영향

민주주의는 정부뿐 아니라 가정, 종교, 교육, 사업 등 삶의 모든 영역과 관련이 있다. 극단적인 엄격한 아버지 가치를 부과할 때, 극단적인 보수주의는 다음을 비롯한 모든 종류의 제도를 파괴하게 된다.

- **가정** 살펴본 바와 같이, 극단적인 엄격한 아버지 자녀양육은 흔히 파괴적이고 폭력적이다. 그러한 상황의 아이들이 만일 저항하지 않고 자란다면, 성인이 되어 권위주의적인 가정생활을 그대로 반복하고 이 방식

을 삶의 여러 다른 영역에 부과한다. 천성적으로 자애로운 양육자인 여성들은 중요한 문제에서 이견을 지니고 있을 때에도 자신의 의견을 소리 높여 말하지 못할 수 있다.

- **종교** 기독교이든 유대교이든 이슬람교이든 극단적인 형태의 보수적 종교는 권위주의적인 조직 구조를 지니고 있다. 예를 들어 자신의 양떼를 이끄는 카리스마 있는 목사와, 교황과 다른 위계상의 가톨릭 지도자들, 초超정통파 유대교의 카리스마 있는 랍비, 극단적 보수주의 이슬람 공동체의 이맘imam을 생각해보라. 이들은 종교적 텍스트에 대한 '정확한' 해석을 결정하고, 흔히 타인의 삶을 강력하게 좌우하는 공동체의 주요한 판단을 내린다. 정치적으로 이들은 보수적인 정치 과업 수행을 위해 조직을 구성하고 기금을 모은다.
- **교육** 극단적인 보수주의는 교실에서 나타날 수 있다. 일부 주에서는 부모의 체벌 권리라는 개념을 교사들에게 확대한다. 엄격한 아버지 교실에서는 민주적인 토론과 의사결정을 제한한다. 가르치는 것은 숟가락으로 일일이 떠먹여주는 것이다. 즉 학생들은 비판적으로 사고하는 법이나 스스로 사고하는 법을 배우는 것이 아니라, 교사에게 질문을 하지 않고 정답을 낭송하는 법을 배운다.
- **사업** 극단적인 보수주의는 많은 사업 영역에서 흔하다. 회사에는 사장

이 있으며, 당신은 사장이 하라고 요구하는 일을 한다. 종업원들은 자신에게 영향을 미칠 결정이나 사장보다 더 많이 아는 경우의 결정을 비롯하여, 회사의 결정에 참여할 투표권이 전혀 없다.

- **정부** 정부가 극단적인 보수주의의 통제 아래에 들어가면, 민주주의는 하나도 중요하지 않게 된다. 예를 들어, 조지 부시의 행정부 아래에서 대통령의 결정에 공식적으로 문제를 제기하는 것은 비애국적 행위가 되었다. 정보 웹사이트들은 보수주의 정통파에 어울리도록 바뀌었다. 정부의 민간업계 규제는 자금 지원을 받지 못해서 규제 기관이 줄어들었다. 이 나라가 거짓 전제를 토대로 전쟁을 시작했던 이유는, 전쟁이 보수적 이념과 들어맞았기 때문이다. 시민적 자유는 애국법• 아래에서 유예되었다. 에너지 정책은 비밀리에 결정되었다. 이밖에도 이러한 사례는 많다.

미국적 전통의 민주주의는 정직하게 정보를 제공받은 피통치자

• 9·11 테러 직후인 2001년 10월 26일 테러를 차단하고 방지하기 위해 필요한 적절한 수단을 제공하여 미국의 단합과 강화를 추구한다는 명분으로 의회에서 제정한 법이다. 정식 명칭이 The Uniting and Strengthening America by Providing Appropriate Tools Requi- red to Intercept and Obstruct Terrorism Act인 이 법은 정부가 시민을 감시하고 시민의 자유를 제한할 길을 열어놓았다는 비판을 받고 있다.

인 시민들이 동의할 때 작동한다. 이 민주주의는 대안적 관점의 논의를 용인하고 또한 추구한다. 장막 뒤에서 내리는 일방적인 결정은 당연히 비민주적이라고 간주해야 한다. 사회 전역에 퍼져 있지 않다면, 민주주의는 생명력을 잃은 것이다. 극단적 보수주의가 삶의 다양한 영역으로 잠식해 들어오면, 민주주의는 위협을 받는다.

공적인 것에 미치는 영향

극단적 보수주의자들은 민주주의가 타인들의 이익에 관심을 두지 않고 자신의 사익을 추구할 자유를 제공하는 것이라고 본다. '작은 정부'와 '낭비'라는 말로, 진정 그들은 공적인 것을 향한 뿌리 깊은 적대감을 표현하고 있다. 이 적대감은 공적 자원을 제공함으로써 모든 시민들을 똑같이 보호하고 그들의 역량을 똑같이 강화하는 정부의 역할을 겨냥한다. 이 적대감에는 기반시설, 교육, 건강, 경제, 환경 등 공적인 것의 모든 국면이 다 들어간다. 우리 모든 시민의 품위 있는 삶과 번영을 극대화해주는 모든 공적 자원들이 극단적 보수주의의 위협을 받는다.

인간의 영혼에 미치는 영향

인간의 영혼이라는 말은 사람들이 서로를 향해 보여주는 인간성의 긍정적 국면—감정이입, 존중, 아량, 연대, 정서적 유대감 형성, 상대와의 동일시—을 의미한다. 이러한 요소는 평등의식을 요구하고, 또한 삶의 모든 영역에서 인권의식과 정의감—사회적·경제적 정의—을 필요로 한다. 극보수의 의로움은 협력이 아니라 갈등으로, 희망이 아니라 두려움으로, 상호존중이 아니라 공격성으로, 신뢰가 아니라 의혹으로 이어진다.

세계 공동체에 미치는 영향

유엔 인권선언은 이렇게 시작한다.

> 인류 가정의 모든 구성원의 타고난 존엄성과 평등하고도 양도할 수 없는 권리를 인정하는 것이 전 세계의 자유와 정의, 평화의 기초이다.
>
> 인권의 무시와 경멸은 인류의 양심을 짓밟는 야만적 행위로 귀결되고, 인류가 언론의 자유와 신념의 자유, 공포로부터의 자유, 궁핍으로부터의

> 자유를 누리는 세계의 도래는 보통 사람들의 가장 고결한 열망으로 천명되었다. 이에 반해 …… 유엔총회는 …… 모든 사람들과 나라들이 성취해야 할 공통의 기준으로 이 세계인권선언을 선포한다.[18]

극단적 보수주의자들이 유엔에서 탈퇴하고자 하는 이유는, 미국이 다른 나라들보다 더 우월하다고 보며 유엔의 판정에 따라서는 안 된다고 믿기 때문이다. 그들은 미국이 국제사법재판소의 지배를 받거나 미국 군대가 국제사령관의 통제를 받는 것을 허용하지 않을 것이다. 많은 경우, 극단적 보수주의자들은 인도주의적인 명분을 지지하지 않는다. 정말로 그들은 유네스코와 같은 인도주의적 기관을 지원하는 활동에 대체로 반대했으며, 또한 미국이 교토의정서•와 같은 국제협약을 준수하는 것에도 반대했다. 그리고 그들은 대체로 핵무기 감축에도 반대했다. 이것은 국가들로 이루어진 가정에 엄격한 아버지 모형이 적용됨으로써 나오는 귀결이다. 엄격한 아버지로 간주되는 미국은 다른 나라들이 더 높은 권위를 지녔다고 인정할 수 없다. 엄격한 아버지 가치는 이 (세계)가정 전

• 지구온난화를 방지하기 위한 기후변화협약의 구체적 이행 및 규제 방안. 선진국의 온실가스 감축 목표치를 규정한 이 방안은 1997년 12월 일본 교토에서 개최된 기후변화협약 제3차 당사국총회에서 채택한 것이다.

체를 이끌어야 하며, 따라서 보수적 가치가 국가들로 이루어진 가정—세계 공동체—을 이끌어야 한다.

III

이기는 프레임을 짜는 핵심 개념들

민주주의를 계속 유지하라

집은 보수하고 강화하지 않으면 무너진다. 민주주의도 마찬가지로 강화하지 않으면 무너진다. 우리가 거의 알아차리지 못하고 당연시하는 민주주의의 선물 역시 그렇다. 이 선물에는 투표할 권리와 공교육, 인권, 정당한 법적 절차, 공평한 뉴스, 깨끗한 물, 깨끗한 공기, 국립공원, 안전한 음식, 좋은 일자리, 윤리적인 금융 관행, 저렴한 이자의 대출, 공정선거 등이 들어간다. 극단적 보수주의는 이러한 선물을 모두 위협한다. 민주주의의 축복은 당연시해서는 안 되며, 유지해야만 한다. 민주주의를 유지하는 데에는 개념적 강화와 언어적 강화가 필요하다.

민주당은 민주주의의 성취를 당연시하는 경향이 있다. 민주당은 로우 대 웨이드 판례를 안정된 법이라고 간주한다. 그렇지만 정말 그러한가? 낙태는 도처에서 공격받고 있다. 공교육은? 바우처 제도[•]와 차터스쿨[••], 교사 평가를 지향하는 운동 때문에 공교육이 위험에 처해 있다. 시민적 권리는? 애국법은 이 권리의 많은 부분을 빼앗아갔다. 깨끗한 물은? 셰일가스 시추의 시대에는 깨끗한 물이 훨씬 더 줄어들었다. 공평한 뉴스는? 폭스 텔레비전에서는 그런 뉴스가 나오지 않는다. 공정한 선거는? 시티즌스 유나이티드의 결성 이후에는 그런 선거란 존재하지 않는다.

각 경우에 민주당은 구체적인 쟁점에 대응했다. 민주당은 민주주의를 유지하는 데 관심이 없다. 그렇게 하려면 앞서서 생각해야 하는데, 민주당은 선제적으로 대처하지 않는다. 그리고 민주당은 우리가 이미 가지고 있는 것을 지키기 위해 장기적으로 필요한 언어와 논증 형식을 창조하지 않는다. 손실이 발생하고 난 뒤에야 비

• 정부가 특정 수혜자에게 교육·주택·의료 복지 서비스를 구매할 때 드는 비용을 직접적으로 보조해주기 위해 지불을 보증하여 내놓은 전표.

•• 미국 공립학교 문제에 대응하기 위한 방안 가운데 하나로, 1990년대부터 시작된 자율형 공립학교이다. 주정부의 인가(charter)를 받은 주체(교사, 학부모, 지역단체 등)가 주정부의 지원과 기부금으로 예산을 충당하면서도 운영은 사립학교처럼 자유롭게 할 수 있다.

로소 그 손실을 알아차린다.

민주당이 잠자는 동안 극단적 보수주의자들은 자신의 수를 둔다. 그들은 모든 범위의 쟁점에 대해 자신의 언어로 공적 토론의 프레임을 짠다. 그리고 일단 공적인 사고를 자신의 방식으로 장악하면, 그들은 언론을 통제하고, 자신들의 후보를 당선시키고, 자신들의 입법안을 통과시키고, 새로운 현재 상황을 창조할 수 있다. 그러는 사이에 민주당은 미국 민주주의가 언제나 간직했던 가치의 관점에서 모든 범위의 쟁점에 대한 프레임을 짜는 데 실패했다. 민주당은 공백을 남겨놓는다. 그러면 극단적 보수주의자들은 어떤 경쟁도 없이 행복하고도 쉽게 이 공백을 채운다. 결과는 이른바 저低인지—즉 개념의 결여—이다. 그리고 우리가 절실하게 필요로 하는 것은 바로 개념이다.

만일 당신에게 적절한 언어가 없다면, 당신에게는 공적 토론을 결정하고, 여론을 형성하고, 선거를 결정짓는 개념이 부족한 것이다. 적절한 언어를 찾는 일에서 가장 근본적인 문제는 적절한 개념을 보유하는 것이다. 방금 살펴본 바와 같이, 공적 담론에서 진지한 역할을 수행하는 것의 핵심은 당신의 도덕 가치를 당신의 정책에 연결하는 역량을 기르는 것이다. 요즘에는 점점 더 자주 보수적

아이디어가 공적 토론을 차지해, 진보주의자들이 자신의 신념을 표현하고 자신의 정책이 옳다고 주장할 여지가 거의 없거나 전혀 없다. 이것은 진보적인 소통이 불충분하고 정치적 폭포수를 숙지하지 못한 결과이다.

보수주의자들은 이 일에 능통하다. 그들은 자신의 도덕 가치에 대해 생각하고, 이 가치를 구체화하는 쟁점을 찾는다. 그들은 그러한 쟁점을 위한 정책을 내놓고, 그다음 그러한 정책이 옳다는 주장을 성공적으로 펼친다. 이는 그들이 자신의 과제를 수행해왔기 때문이다. 그들은 미국의 모습이 어떠해야 하는지에 대한 자신의 생각에 근거하여 공적인 쟁점을 정의하는 일에서 출발했다.

지금까지 진보주의자들은 이 과제를 수행하지 않았다. 자신들의 도덕적 관심사로 공적 담론을 주도하는 것이 아니라, 그들은 보수주의가 구조를 짜놓은 토론에 참여한다. 그리고 공적 토론에 관해 말하자면, 한 가지 사실은 언제나 유지된다. 공적 담론에서 빠져 있는 것도 그 안에 있는 것에 못지않게 중요하다는 사실 말이다.

정치적 쟁점으로 간주되는 것은 정치적 행위자들, 즉 정치적 행동에 나서는 보통의 시민들이 결정한다. 예를 들어, 미국인들 사이의 빈부 격차는 '점령하라' 운동의 시민들이 공적 담론 속으로 끌어들였다. 이 시민들은 미국 부의 40퍼센트를 보유한 미국인들의 몫을 특징짓기 위해 1퍼센트라는 용어를 대중화했다.

미국 내 우익은 자신들의 가치와 개념, 쟁점을 아주 성공적으로 공적 담론으로 끌고 들어왔다. 로널드 레이건 행정부 이전에는 '정부가 문제이다'라는 생각이 공적 담론에서 흔하지 않았지만, 지금은 공적 담론에 널리 퍼져 있다. 보수주의자들은 낙태와 공교육, 연금, 사회안전망, 진화, 환경보호를 부정적인 공적 쟁점으로 만들었다. 그들은 자신들의 도덕체계에 근거한 추론을 통해 그렇게 했다. 이러한 쟁점이 공적 정치 담론의 쟁점이 되었기 때문에, 보수의 도덕체계는 반복을 통해 강화되어왔다. 진보주의자들은 이러한 쟁점의 보수적 견해에 응답하려 애쓰는 실수를 범했다. 그들은 우리의 담론에 대한 보수의 속박을 차단하는 방식으로 자신의 고유한 도덕에 근거한 쟁점을 공적 토론에 도입하지 않았다.

이제 우리는 아직까지 공적으로 토론되지 않은 쟁점, 즉 진보의 도덕체계에서 유의미한 쟁점을 도입한다. 이 쟁점은 보수적 담론의 기저에 있는 도덕체계 그 자체에 도전한다.

첫째는 경고이다. 대부분의 공적 담론에서는 단 한 가지 이유로, 그러한 생각은 누구라도 즉시 이해하고 논쟁을 펼칠 수 있다는 이유로 낡은 생각을 사용한다. 이성에 대한 새로운 생각을 사람들이 언제나 즉시 이해하고 환영하지는 않는다. 그러한 생각은 계속해서 반복해야 한다. 가급적 선출직 후보가 아니라 풀뿌리 조직과 블로거들, 대중연설가들, 후보자의 친구들, 진보적 언론인들, 심지어는 진보적 코미디언들이 그렇게 하는 것이 더 좋다. 후보자는 새로운 발상을 도입할 수 있다. 하지만 이는 많은 사람들이 기꺼이 그러한 발상을 공적으로 반복해서 논의하며 후보자를 지원할 때에만 가능하다.

어떤 생각을 처음으로 도입할 당시에는 청중이 당신을 이해하지 못할 수 있다. 설령 그렇다고 해도, 당신은 보수적 담론을 사용하여 사람들의 뇌에 계속 보수의 생각을 강화하는 대안에 매달리는 함정에 빠져서는 안 된다.

사적인 것보다 공적인 것이 우선한다

진보주의자들은 공공성에 대해 일반적인 용어로 충분히 말하지 않는다. 미국 민주주의의 토대는 시민들이 다른 시민들을 보살피는 윤리이다. 즉 미국 민주주의는 서로에게 감정이입을 하고, 시민들 전체에 대한 개인적·사회적 책임을 지며, 민주적 참여를 통해 공적인 정부를 만드는 활동을 토대로 건설되었다. 민주주의의 신성한 임무는 공적 자원을 제공하여, 즉 이른바 우리의 공공성에 따라 모든 사람을 똑같이 보호하고 모든 사람의 역량을 똑같이 강화하는 것이다.

공적인 것은 사적인 것—즉 고상한 사생활과 번영하는 사기업—

에 필수적이다. 우리는 모두 삶의 사적인 측면과 공적인 측면을 둘 다 지니고 있다. 하지만 사생활과 사기업도 공공도로와 공공건물, 깨끗한 물과 하수구 체계, 경찰과 법원, 공교육, 공공의료 등 강력한 공적 요소를 필요로 한다.

어떤 사람도 공적인 지원 없이 자신의 힘만으로는 성공하지 못한다. 부유한 사람들 가운데 어느 누구도 자신의 도로와 학교를 건설하지 않았고, 자신의 유능한 종업원들을 교육하거나 자신에게 필요한 기초연구를 수행하지도 않았다. 자신의 군대와 경찰로부터 직접 충분한 보호를 받지도 않으며, 자신의 청결한 식량을 계속해서 직접 공급하지도 않는다. 지금까지 이 문제를 가장 명확한 목소리로 성공적으로 제기한 사람은 엘리자베스 워런Elizabeth Warren이다.

이 나라의 어느 누구도 자신의 힘만으로 부유하게 되지 않았다. 단 한 사람도 없다.

당신은 그곳에다가 공장을 지었다. 잘했다!

그러나 나는 분명히 해두고 싶다. 당신은 나머지 우리가 건설비용을 부담한 도로로 당신의 제품을 시장으로 옮긴다. 당신은 나머지 우리가 교육비용을 부담한 노동자들을 고용했다. 당신의 공장이 안전한 것은 나머지 우리가 유지비용을 대는 경찰력과 소방대 덕택이다. 당신은 무장습격대가 당신의 공장에 와서 모든 것을 약탈할지 모른다는 염려에 대비해 누군가를 고용할 필요가 없었다. 이것은 전적으로 나머지인 우리가 지원했던 활동 덕택이다. 자 보라. 당신은 공장을 지었다. 그리고 그 공장이 무언가 대단한 것, 즉 위대한 계획—신의 축복—이 되었다. 한몫을 크게 챙겨라. 그러나 기저에 암묵적으로 깔려 있는 사회계약의 일부는 당신이 한몫을 챙긴다면 다가오는 다음 세대 아이들의 몫에 대해 미리 지불해야 한다는 것이다.[19]

민주당 관계자들과 지지자들은 공적인 것이 바로 사적인 것의 필수적 토대라는 말을 끊임없이 계속해야 한다. 공적인 것을 훼손하거나 약화하거나 제거한다면, 그것은 사적인 것에 재앙일 것이다. 미국적인 사생활의 신성함과 안전은 물론이고 대부분 기업의 토대가 파괴될 것이다.

보수주의자들은 결코 미국적인 생활의 이 근본적 진실을 언급하지 않는다. 바로 이 진실이 그들의 전체적인 도덕적 세계관과 충돌하기 때문이다. 엄격한 아버지 가정 모형에서는 아버지가 자신과 가정의 유일한 지주이다. 아버지는 타인에 대한 감정이입과 책임에 의존하지 않는다. 아버지는 사회적 책임이 아니라 개인적 책임의 모형이다. 이 모형에서는 아버지가 자신과 가족을 책임지지만 가정 밖의 사람들에 대해서는 어떤 책임도 지지 않으며 그들에게 별로 의존하지도 않는다. 이것이 엄격한 아버지가 자녀들에게 가르치는 도덕률이자, 자유에 대한 견해이다.

경제적 쟁점과 시장에 적용될 때, 이 견해는 경제적 자유란 아무런 간섭 없이 자기 가족 이외의 사람들의 경제적 안녕에 대해 아무런 책임도 지지 않으면서 경제적 이익을 추구할 자유라고 정의한다. 이로 인해 아버지의 안녕과 자기 가족의 안녕이 공적인 것이 제공하는 것—사회의 전반적인 보호와 역량강화 형태로부터 나오는 가장 기본적인 자유—에 완전히 의존한다는 심오한 진리가 흐려진다.

민주당은 개인적인 쟁점에 대해 이야기하는 경향이 있다. 예를 들어 그들은 이런저런 프로그램에 대한 자금 지원, 이런저런 집단의 요구, 이런저런 하위인구의 권리를 짓밟는 것에 대한 분노 표출에 대해 말한다.

민주주의에서 공적인 것이 수행하는 역할과 우리 모두가 날마다 공적인 것에 꼬박 의존하는 방식을 독립적으로, 가장 우선적으로 반복함으로써 '작은 정부'라는 보수적인 목소리를 제압해야 한다. '작은 정부'가 진짜로 의미하는 건 우리의 파손된 도로와 다리를 그대로 방치하는 것, 우리의 교육체계를 망가뜨리는 것, 미국의 기업과 미국인들의 사생활의 장엄한 구조를 해체하는 것이다. '작은 정부'가 진짜로 의미하는 건 전면적인 기업 정부이며, 우리가 알고 사랑하며 유지할 필요가 있는 우리의 정부를 해체하는 것이다. 극단적인 보수주의자들이 정의하는 그러한 '작은 정부'는 우리의 자유에 대한 족쇄이자 우리의 안보에 대한 심각한 위협이다.

그래서 우리는 이렇게 말해야 한다.

- 민주주의 건설의 토대는 시민들이 서로를 보살피는 윤리이다. 민주주의의 도덕적 임무는 공적 자원을 제공함으로써 모든 사람들을 똑같이 보호하고 그들의 역량을 똑같이 강화하는 것이다.
- 공적인 것은 사적인 것, 즉 고상한 사적 생활과 번영하는 사기업의 토대이다.
- 공적인 것의 지원이 없이 자기 혼자만의 힘으로 성공한 사람은

아무도 없다. 부유한 사람들은 직접 자신의 도로를 놓지도, 학교를 짓지도, 유능한 종업원들을 교육하지도, 기초연구를 수행하지도 않았다. 또한 그들을 안전하게 보호하는 것은 그들 자신의 군대와 경찰이 아니며, 그들에게 깨끗한 식량을 지속적으로 공급하는 것은 그들 자신이 아니다.

▷ 공적인 것이 무너지면 신성하고 안전한 시민들의 사생활은 결딴나고 대부분의 기업의 토대도 무너진다.

▷ '작은 정부'의 진짜 의미는 전면적인 기업 정부이다. 또한 '작은 정부'는 우리가 알고 사랑하며 그대로 유지할 필요가 있는 우리의 정부를 해체하는 것을 의미한다.

기업권력과 보수의 카르텔을 비판하라

보수주의자들은 끊임없이 국가권력을 제약해야 한다고 말한다. 그들은 이 생각을 공적 담론 속으로 끌어들인다. 우리의 공적 담론 속에는 기업권력에 대한 제약의 문제가 빠져 있으며, 이것은 우리 시대의 주요한 정치적 문제 가운데 하나이다.

민주주의가 후퇴하는 증상의 하나는 미국인들 사이에 급격하게 벌어지는 소득 격차이다. 현재 상위 1퍼센트가 미국 부의 40퍼센트 이상을 소유하고 있다. 경제가 회복되던 2010년 한 해 동안 발생한 추가 소득의 93퍼센트는 상위 1퍼센트의 납세자들이 가져갔고, 그 가운데 37퍼센트는 단 0.01퍼센트에게 돌아갔다. 그 결과 1만 5,000세대의 평균소득은 2,380만 달러(약 285억 원)로, 소득이익의 7퍼센트 만이 나머지 우리들—99퍼센트—에게 돌아갔다.[20] 이 부는 기업에서 많은 주식을 운용하거나 보유한 사람들에게 주로 돌아간다. 가장 거대하고 가장 강력한 기업은 국내적이 아니라 국제적이며, 미국에서 단지 상품을 생산하고 돈을 버는 데서 그치지 않고 그 이상의 일을 한다. 부의 차이는 결국 권력의 차이로 이어진다.

미국 대법원의 5대 4 시티즌스 유나이티드 판결 덕택에, 기업은 특별한 정치적 힘을 얻었다. 바로 선거에서 후보자들에게 자금을 제공하는 조직인 슈퍼팩에 무제한의 돈을 제공할 수 있는 힘이다. 기업은 이 힘을 이용하여 이 나라의 통치 구조를 자신들에게로 옮기고 있다. 기업은 (완전히 그렇지는 않다 하더라도) 주로 보수적인 후보와 명분을 지지하며, 자신들의 이익을 섬기지 않는 다양한 공공의 측면을 제거하는 것을 목표로 한다. 아마도 가장 흔한 기제는 적자赤字 개념의 조작일 것이다.

2008년의 경제 붕괴 여파로 중산층 소득이 줄어들고, 이에 따라 소득세 수입도 줄어들었다. 보수적인 공직자들은 보수적 원리에 따라 세금 인상을 거부하여 재정 적자를 유발하고 있다. 이들의 목적은 전면적인 민영화이다. 즉 그들은 선출 정부를 비非선출 정부로 대체하여 공익이 아니라 자신들의 사익을 위해 미국적 생활의 점점 더 많은 측면을 통제하고자 한다.

보수적인 공직자들은 가능한 한 공공의 많은 부문을 제거하려는 의도를 지니고 있다. 하지만 그들은 재정 적자가 자신들의 이러한 의도에서 비롯된다는 프레임을 만들지 않는다. 그들이 흔히 사용하는 은유는 〔국가는 가정〕과 〔국가 예산은 가정 예산〕의 한 유형이다. 만일 어떤 가정이 빚을 져서 돈이 곧 고갈될 처지에 있다면, 이 가정은 절대적으로 필요하지 않은 모든 것에 대한 지출을 줄여야 한다. 보수주의자들은 미국의 재정 적자가 바로 이와 같이 작동한다고 주장한다. 그러나 국가의 예산은 결코 가정 예산처럼 작동하지 않는다. 첫째, 연방정부가 진 빚의 대부분은 다른 미국인들에게 진 빚이며, 다른 나라들에게 진 빚은 비교적 적은 액수뿐이다. 둘째, 미국의 신용은 떨어지지 않았다. 미국 재무부의 채권은 여전히 팔리고 있으며, 미국 연방정부는 돈을 매우 값싸게 빌릴 수 있다. 셋째, 미국은 빌린 돈을 이용하여 국내 투자를 강화할 수 있다. 가령 사회 기반시설이나 교육·건강·연구 부문에서 다양한 일자리를 창출할 수 있다. 장기적으로 이것은 경제를 강화하고 빚에서 벗어나는 길이다. (또한 미국의 빚을 초래한 것은 자금 조달이 원활하지 않았던 두 전쟁과 백만장자에 대한 세금 인하, 국제적인 재정 파산으로 이어졌던 투자금융에 대한 규제의 폐지였다는 점을 상기해보라.)

보수주의자들은 미국의 빚이 공적인 것에 대한 정부의 방만한 지출에서 비롯되었으며, 따라서 이 지출을 최대한 삭감하면 빚에서 벗어날 수 있다는 신화를 퍼뜨린다. 이것은 담보대출 위기에 관한 신화와 비슷하다. 이 위기에는 세 가지 원인이 있었다. 감당할 역량이 없는 장래의 주택 구매자들에게 이해할 수 없는 풍선형 주택담보대출 상품을 판매하여 부도덕하게 그들을 기만한 행위, 이러한 주택담보대출을 무가치한 증권으로 묶어 국내외 은행에 기만적으로 판 행위, 담보권 행사를 입법으로 차단하는 것을 거부한 보수주의자들의 행위이다. 처음 두 원인은 규제의 결여에서 비롯되었다. 보수주의자들의 신화에서는 감당할 역량이 없으면서 집을 샀던 희생자들이 위기의 원인으로 취급된다. 보수적인 반응은 그러한 희생자들을 처벌해야 한다는 것이다. 이러한 처벌은 기업이나 기업을 소유하고 경영하는 사람들에게 도움이 되기 때문이다.

기업은 납세자의 돈으로 긴급구제 자금을 지원받았다. 이 지원 덕택에 세계적인 경기침체는 미연에 차단할 수 있었으며, 이 자금은 나중에 대부분 회수했다. 그러나 변한 것은 별로 없다. 월가는 예전처럼 아주 잘 돌아가고 있으며, 도드 프랭크 법•에 격렬하게 저항하고 있다. 월가의 소득과 보너스는 여전히 어마어마하고, 금융 관행은 변한 것이 거의 없다. 그리고 변화를 이끌어내려는 모든 시도는 대부분 보수적인 의회가 차단했다. 보수적인 의원들 대부분이 시티즌스 유나이티드의 결정에 따라 기업이 재정 지원을 한 덕택에 당선되었기 때문이다.

이러한 문제는 공적으로 논의해야 한다. 먼저 정치권력이 공적인 정부로부터 사적인 기업으로 넘어가고 있는 현실과 이 과정에서 보수적 이념이 수행하는 역할을 다룰 필요가 있다. 이 쟁점은 공적 권력과 기업권력 사이의 적절한 균형이다. 둘 다 서로를 필요로 한다. 기업은 사람들이 필요로 하는 제품과 서비스를 창출해야 한다. 이 과정에서 적절한 이윤은 남기지만 어떤 해악도 끼쳐서는 안 된다. 정부의 규제는 이러한 이상을 달성하기 위해 존재한다. 오랫동안 정직한 기업이 미국적인 방식이었고, 공적인 것의 지원

• Dodd-Frank legislation. 정식 명칭은 the Dodd-Frank Wall Street Reform and Consumer Protection Act(도드 프랭크 월스트리트 개혁 및 소비자 보호법)로, 2007년부터 시작된 금융위기를 타개하기 위해 2009년 오바마 대통령이 제안한 금융제도 개혁안이다. 2010년 바니 프랭크(Barney Frank) 하원의원의 개혁법안과 크리스 도드(Chris Dodd) 상원의원의 개혁법안이 각각 상하원을 통과한 뒤 하나로 통합되어 2010년 7월 오바마 대통령이 서명해 승인했다.

을 받았으며, 정부의 규제를 받았고, 상품과 서비스, 높은 급여의 일자리를 창출해왔다. 모든 것이 균형을 이루면서 말이다. 우리는 그때로 돌아가야 한다.

그래서 우리는 이렇게 말해야 한다.

- 민영화는 선출된 정부를 선출과 상관없는 기업 정부로 대체하는 것이다. 이 기업 정부는 미국인들의 삶의 점점 많은 국면을 관장하며, 공익이 아니라 자신의 사익을 추구한다.
- 부의 차이는 권력의 차이다. 부의 극단적인 독점은 결국 보통의 시민들이 가질 수 없는 정치적 권력으로 이어진다.
- 공공의 많은 부분이 제거되고 민영화될 때, 기업은 더 많은 돈을 번다. 보통 사람들은 돈을 벌지 못하지만 말이다. 더욱이 보통 사람들은 공적인 것이 자신들에게 제공하는 것, 즉 고상한 삶을 향유할 수단을 빼앗긴다.
- 기업은 엄청난 정치적 힘을 보유하고 있다. 이 힘은 선거 후보자들에게 자금을 제공하는 조직에 돈을 무한정 지원하는 데서 나온

다. 이 힘을 사용하여 기업은 이 나라 미국의 통치 구조를 넘겨받으려 하고 있다. 이것은 반反민주적이다.

- 보수적인 원리에 따라 보수적인 공직자들은 세금 인상을 거부하고 있다. 이로 인해 정부는 재정 적자에 허덕이고 있다.
- 공적인 정부와 사적인 기업은 서로를 필요로 한다. 둘 사이의 균형이 필요하다. 오랫동안 정직한 기업이 미국적인 방식이었고, 공적인 것의 지원을 받았으며, 정부의 규제를 받았고, 상품과 서비스, 높은 급여의 일자리를 창출해왔다.

■ 자유 시장 ■

기업이 우리의 삶을 지배한다

자유 시장에 대한 보수적인 시각과 겹치는 진보적 시각이 하나 있다. 이 시각에서는 자유 시장이 이 나라와 모든 시민들을 더 부강하게 하며, 합리적인 가격과 적절한 이윤으로 우리가 필요로 하는 제품을 제공하고, 순수한 경쟁과 고객서비스, 완전한 투명성, 고객에 대한 책무, 노동자 권리, 최저 생계임금을 바탕으로 혁신적인 유용한 제품을 새로 만들어낸다. 이것은 진보적인 이상이며 때로 충족된다. 이것은 우리가 기업 광고에서 흔히 보는 그러한 기업이다. 하지만 이것은 있는 그대로의 사실이 아니다. 사실은 기업이 우리의 삶을 지배하고 있다. 그것도 좀처럼 공적인 담론에 들어오지 않는 방식으로 말이다. 기업은 우리의 삶에 침입하여 억압적이며 심지어는 폭압적인 방식으로 삶을 지배한다. 다음의 몇 가지 사례를 보라.

- 건강보험회사가 우리가 어떤 종류·수준의 의료를 어떤 비용으로 받을 것인지를 결정한다. 건강보험회사가 우리의 건강과 삶을 엄청나게 통제하고 있지만, 우리는 우리 자신의 건강과 삶에 대해 그들이 내리는 결정에 관여하지 않는다.
- 농업 기업과 식품 기업이 건강한 식품에 대한 많은 사람들의 접근을 통제하고, 그들에게 먹을 수 있는 것은 무엇인지 그 안에 살충제, 항생제, 호르몬제, 트랜스 지방, 옥수수 시럽, 수은, 유해 화학약품 등 무엇이 들어가는지를 결정해준다.
- 언론 기업이 우리가 접하는 뉴스가 무엇인지와, 그 뉴스를 어떤 프레임에 넣을 것인지, 따라서 세계를 이해할 때 우리의 뇌가 어떤 통제를 받을 것인지를 상당한 정도까지 결정한다. 이것은 기업에 의한 뇌 통제의 한 형태이며, 이러한 뇌 통제는 다시 정치적 통제로 귀결된다.
- 기업은 또한 우리가 어떤 문화에 접근할 수 있는지와, 어떤 영화를 제작하는지, 텔레비전에서 무엇을 방영하는지, 어떤 음악을 내보내는지,

어떤 예술에 광범위하게 접근할 수 있는지를 통제한다.

- 기업은 우리가 소통하는 방식과 정보를 얻는 방식을 지배한다. 예를 들어 우리는 고가의 배타적인 장기 핸드폰 계약을 통해서만 소통하거나 정보에 접근한다.
- 기업은 가령 전자 장비, 자동차, 가전제품 등을 얼마 지나지 않아 구식이 되도록 계획하여, 우리가 현대적 삶의 기본 수준을 유지하는 데 얼마의 비용을 지출해야 하는지를 통제한다.
- 기업은 우리의 개인정보를 수집하고, 우리의 컴퓨터 사용 방식을 염탐하고, 우리 집에 전화를 걸고, 우리의 전자우편함이나 기존 우편함을 가득 채움으로써 우리의 삶에 끼어든다.
- 기업은 수많은 방식으로 우리의 시간을 통제한다. 예를 들어 기업은 가게의 계산대 점원 수를 제한해 기다란 줄에 대기하도록 강요하고, 고객서비스를 대폭 줄여서 시간을 들여 전화자동안내 회선을 사용하도록 고객에게 부담을 준다. 또한 기업은 소비자들에게 절차가 복잡하고 시간이 많이 드는 우편 환불 요청 정책을 택하고, 무료로 전화를 걸어 항공권을 구매할 수 있는 제도를 없애 항공권 예약을 위해 여러 시간 동안 여러 웹사이트를 탐색하도록 강요한다. 기업이 이러한 행위를 하는 목적은 우리에게 더 싼 제품을 팔기 위한 것이 아니라, 자신들의

이익을 극대화하기 위한 것이다.

- 기업은 우리의 삶을 많은 방식으로 위협한다. 예를 들어 기업은 우리의 식량이나 상수도를 비롯한 환경에 독극물을 유입하고, 누가 무기를 보유하는가나 그러한 무기를 어떻게 사용하는가에 대한 적절한 통제 없이 무기를 판다. 또한 건강에 손상을 주는 화학약품이 든 포장재를 사용하거나, 범람원에 주택단지를 건설하고, 위험한 상품—심지어 위험한 아동용 인형—을 만든다.
- 기업 소유의 병원은 여성이 출산하는 방식을 통제한다. 제왕절개 수술에 일손이 덜 필요하고 병원 시간이 절약되기 때문에, 병원은 자연분만을 장려하는 것이 아니라 제왕절개 수술 일정을 잡아서 더 많은 돈을 번다. 그러한 병원은 이익을 극대화하기 위해 가족들을 압박하여, 연구를 통해 산모와 아이에게 장기간 심리적으로 부정적인 영향을 미친다고 밝혀진 수술을 받도록 한다.[21]
- 기업은 우리의 가정을 위협한다. 이것이 명확히 사실임을 보여준 것은 바로 주택담보대출 위기였다. 잘 보이지 않는 작은 활자로 주택담보대출의 진정한 비용을 감추는 은행은 한 종류의 위협이다. 여러 주택담보대출을 묶어서 투기자들에게 파는 은행은 또 다른 종류의 위협이다. 은행은 거의 무이자로 돈을 빌리지만 그 절약 금액을 장래의 주택구매

자들에게 넘기지 않는다. 따라서 이러한 은행은 자금이 넉넉하지 못한 장래의 주택구매자들에게 위협이다.

- 기업은 로비 활동과 정치적 기부를 통해 정부를 통제한다. 친기업적 로비스트들은 흔히 기업의 이익에 유리한—즉 기업은 이익을 보고 우리는 손해를 보는—법을 만든다. 이런 경우의 로비 활동은 일종의 합법화된 부패이다. 그래서 시티즌스 유나이티드의 지휘 아래에서 무제한의 기업 자금을 선거에 투입함으로써 기업은 우리의 정치 과정을 점점 더 위협하고 있다.

우리는 이러한 사례를 계속해서 제시할 수 있다. 이들은 기업에 의한 안온방해•, 침입, 통제, 개입, 억압, 절취, 심지어 폭정의 사례이다. 이것을 다 합산해보면 기업에 의한 지배는 미국인들의 삶의 최대의 쟁점이지만, 공적 담론에 들어 있지 않다.

기업에 의한 통치와 국민의 대표자에 의한 통치 사이에는 엄청난 차이가 있다. 기업은 자신의 이익과 이득을 위해 당신을 통치하는 것이지, 당신에게 유익한 혜택을 주기 위해 활동하지 않는다.

• 安穩妨害. 영미법의 nuisance에 해당하고, 매연, 가스, 음향, 광열, 진동을 방산하여 손해를 야기하는 행위를 지칭한다. 직접 가해를 한 것이 아니라 하더라도, 이 행위에는 손해배상의 책임이 있다.

정부는 시민 전체에게 혜택을 주기 위해 시민들을 통치한다. 정부의 통치는 개방적이다. 시민들은 대표자들에게 전체의 유익을 위해 모든 사람을 똑같이 보호하고 그들의 역량을 똑같이 강화해야 할 도덕적 의무를 부과해왔다. 이것이 바로 민주주의의 모습이다. 정부는 통치할 권리를 지니고 있다. 시민들이 투표로 정부에게 그러한 힘을 부여했기 때문이다. 정부는 시민들에 대한 책무를 지니고 있다. 정부가 취하는 조치는 투명하고 정당해야 한다. 그리고 대표자들이 나쁜 통치를 하고 있다고 느끼면, 시민들은 그들을 투표로 쫓아낼 수 있다.

이에 반해 기업은 자신의 이익과 이득을 위해 당신의 삶을 지배한다. 당신에게 유익한 혜택을 주기 위한 것이 결코 아니다. 정부가 규제를 통해 분명히 요구할 때만 기업은 그렇게 한다.

기업에 의한 통치는 최대의 정치적 쟁점이다. 보수주의자들이 '정부는 당신의 자유를 제한하지만 자유 시장은 당신의 자유를 신장한다'는 생각을 대중에게 널리 퍼뜨렸기 때문이다. 하지만 진실은 정반대이다. 대부분의 경우에 정부는 기업으로부터 당신의 자유를 보호하기 위해 활동하지만 기업은 위에서 나열한 (아니 훨씬 더 많은) 온갖 방식으로 자유를 위협하며 자유를 빼앗아간다. 기업이 '자유로이' 해를 가하지 못하도록 제약하는 것은 정부 규제이다. 기업은 고유의 활동을 하면서 미국에서 매일 거대한 재화를 창출한다. 하지만 이렇게 하기 위해 우리의 삶을 지배하거나 통제할 필요는 없다. 위에서 제시한 이 모든 이유 때문에, 기업이 우리의 삶을 지배하는 이 현실을 공적인 정치 담론 속으로 끌어들여야 한다.

'기업에 의한 지배' 문제에 대해 얘기할 때에는, 위에서 개괄했던 세밀한 내용을 명심하라. '기업에 의한 지배'라는 쟁점을 당신이 구체적으로 관심 가질 수 있는 사례로 확대하라. 당신 자신의 삶과 당신이 대변하는 시민들의 삶에서 나오는 사례를 제시하라.

그래서 우리는 이렇게 말해야 한다.

- 이 토의의 주제는 기업 정부와 우리 삶에 대한 기업의 개입이다.
- 기업은 우리의 삶을 지배하면서도 책무성이 거의 없다. 규제가 없기 때문에 기업은 많은 경우에 자유로우며, 심지어 우리의 삶을 통제하도록 많은 지원을 받는다. 기업이 우리의 삶에 관여하는 방식은 억압적이고 심지어는 폭압적이다.

- ▷ 기업은 우리의 사적인 정보를 수집하고 우리가 컴퓨터를 사용하는 방식을 엿보며, 우리의 사생활을 침해하고 있다.
- ▷ 우리는 모두 귀중한 삶을 단 한 번 산다. 우리의 일생은 귀중한 재화이다. 기업은 우리의 일생을 이용하여 자신의 이익을 극대화한다.
- ▷ 건강보험회사는 당신의 건강과 당신의 삶에 대해 결정을 내린다. 건강보험회사의 결정을 지배하는 동인은 기업 자신의 이익과 이윤 극대화이다. 만일 건강보험회사가 규제를 받지 않고 의료가 사적인 지배 아래에 남는다면, 다른 사람이 당신이 얼마나 건강할 것인가와 당신이 생존할 것인가를 결정하는 동안 당신은 방관자가 된다.
- ▷ 일상적으로 미국인들은 기업의 안온방해와 간섭, 침입, 통제, 개입, 억압, 절취, 심지어 폭정에 직면한다. 기업이 우리의 삶을 어마어마하게 통제하기 때문에, 우리는 가장 기본적인 자유를 침해당한다. 이러한 침해로부터 우리 자신을 보호하기 위해서는 규제가 필요하다.
- ▷ 자유방임 시장은 당신의 사적인 자유를 제한한다. 정부—즉 당신

을 위해 활동하고 당신에 대한 책무를 지닌 사람들—는 당신의 자유를 보호하기 위해 활동한다.

- 기업은 자신들의 이익과 이윤을 위해 당신을 지배한다. 결코 당신의 이익과 이윤을 위해 활동하지 않는다. 정부가 규제를 통해 당신에게 혜택을 주도록 요구할 때에만 기업은 그렇게 한다.
- 당신의 비용으로 최대의 이윤을 내려는 기업의 이익과 당신의 삶과 당신의 자유를 보호하려는 정부의 이익 사이에는 충분한 규제를 둘러싼 갈등이 존재한다.
- 정부 규제는 최대의 이윤을 위해 당신에게 해를 끼칠 수 있는 기업의 힘을 제약한다.

고삐 풀린 민영화는 약탈이다

미국의 전통에서 정부는 두 가지 주요한 도덕적 책임—보호와 역량강화—을 지닌다. 보호는 군의 역할을 훨씬 넘어서서 범죄와 질병, 자연재해, 환경 탈규제, 부도덕한 회사의 해악, 사회적 불의, 아동기와 노령기의 부침, 빈곤, 식량 불안정을 막는 것을 포함한다. 역량강화는 상업과 인간 발달, 도시 개량에 필요한 자원의 대규모 공적 지원과 관련이 있다. 역량강화의 사례는 공교육과 도로·교량 체계, 공공건물·공공기관, 상하수도 체계, 농업 지원, 금융기관, 에너지 설비, 연구 지원 등이다. 이것이 이른바 우리의 공적인 자산이다. 반면에 사적인 것에는 사유재산, 기업과 산업, 사금융 기관,

민영 미디어, 종교기관이 들어간다. 사적인 것과 공적인 것의 구별 근거는 사적인 것이 일반 국민에 대한 어떤 도덕적 의무도 떠맡지 않는다는 점이다.

민영화는 공적 재산과 공적 기능, 공공기관을 민간의 손에 넘기는 것이다. 여기에는 계약을 통해 공적 기능을 민간 계약자들에게 넘기는 외주가 포함된다.[22] 때로는 민영화가 합리적이지만, 때로는 약탈적일 수 있다. 민영화가 약탈적인 경우는 바로 이익을 위해 일반 대중에 대한 보호와 역량강화를 제거하거나 차단하고, 정부의 다른 도덕적 기능을 접수할 때이다. 한 가지 좋은 실례는 이민자들에 대한 조치이다. 사람들은 능숙한 정부 고용자들이 이민자들에 대한 억류(사실상의 감금)와 국외 추방—바람직해 보이지 않는—을 책임진다고 생각할 수도 있다. 그러나 토마스 가멜 토프트 한센이 〈뉴욕타임스〉에서 보도한 바와 같이, 이러한 민간 계약자들이 공적인 통제나 관리 없이 사실상 전면 책임을 지고 있다. 아무런 '외부 감독자나 작업보고서, 감시 기제'도 없다. 이것은 거대한 국제적 사기업이다. 예를 들어 G4S는 그러한 민간 계약자 가운데 최대 규모이며 65만 명의 종업원들이 전 세계의 수많은 나라에서 활동하고 있다.[23]

합리적 민영화와 약탈적 민영화의 경계가 언제나 명확하지는 않다. 이 둘의 차이를 결정하는 요인에는 사기업이 정부의 도덕적 기능을 수행하는 방식과 사기업이 대중에게 책임을 부과하는 양이 포함된다.

보수주의자들이 '작은 정부'라는 말을 할 때, 그들의 실제 의도는 대개 정부의 민영화—즉 공적 재산과 공적 기능을 사기업의 손에 넘기는 것—이다. 보수주의자들은 노인의료보장제도와 사회보장제도의 민영화를 제안했다. 즉 그들은 노인의료보장제도를 민간보험회사에 넘기고, 사회보장제도를 주식시장에 넘겨야 한다고 제안했다. 진보주의자들의 저항은 도덕적 토대를 근거로 한다. 민영화된 노인의료보장제도는 이익 추구를 위한 높은 가격 책정, 의료비 지급 승인을 제약하는 높은 행정비용, 진정한 보편적 보장의 결여 등 민간 건강보험의 모든 문제를 안고 있을 것이다. 민영화된 사회보장제도는 평생의 노후대비 저축을 시장의 변덕에 맡겨야 하고, 은퇴 자금을 위태롭게 하고, 오래 사는 사람들을 위한 기금이 고갈되는 위험을 부를 것이다.

사람들이 (설령 인식한다 해도) 좀처럼 의식하지 못하는 사실은 민영화가 이미 진행되고 있다는 점이다. 어떤 경우에는 그 규모가 되돌릴 수 없을 정도로 거대하다. 민영화의 많은 부분은 합리적이며 도덕적으로 부정적인 측면이 거의 없거나 전혀 없다. 하지만 기존의 상당히 많은 민영화는 약탈적이다.

군의 민영화

군대와 국방부, 국무부는 블랙워터Blackwater와 같은 민영 군대회사를 이용하여 전 세계의 전투 지대나 다른 위험한 지역에서 수만의 보안 요원을 훈련시킨다. 블랙워터의 이름은 엑스이Xe와 아카데미Academi로 두 차례나 바뀌었다. 민영 군대산업은 연간 1,000억 달러 이상의 가치가 있다. 민간 계약업체는 미국 정보기관 내 노동력의 29퍼센트를 차지하고, 그러한 기관의 인건비 예산 가운데 49퍼센트 상당을 사용한다.[24] 전 국방부장관 도널드 럼스펠드Donald Rumsfeld가 지적했듯이, 민간 군대계약업체는 미군 통합형법의 적용을 받지 않는다.[25] 따라서 민간 군대계약업체는 미군 관계자들이 행하면 불법적일 그런 일을 행할 수 있다. 2007년 이라크에서 행한 17명의 민간인 살해를 비롯한 수많은 사건에서 지나친 무력을 사용한 죄목으로 블랙워터 요원만이 기소되었다. 2004년 미국 중앙정보국은 알카에다 최고위 요원들의 소재를 추적하고 그들을 암살하는 기밀 프로그램의 일부로 블랙워터 계약업자를 고용했다.[26] 비록 블랙워터가 정확히 무슨 역할을 수행했는지는 불명확하지만 말이다.

군 작전과 첩보 작전은 정부의 도덕적 임무 가운데 일부이다. 하지만 민간 계약업체들이 첩보요원직의 거의 3분의 1에 해당하는 직원을 투입하고 그들은 군법의 적용을 받지 않은 채 군의 임무를 수행한다.[27]

학교의 민영화

특정 회사들이 기업 소유의 차터스쿨을 미국 전역에 세웠다. 그들은 공적 건물을 접수하고 '우수한 교육'이라는 그럴듯한 주장으로 지역 학생들을 유인하고 있다. 하지만 그들은 수당과 연금을 거의 또는 완전히 지급하지 않고 임금을 낮게 책정하여 훈련을 별로 받지 않은 교사들을 고용한다. 그런데 이 모든 비용은 정부 돈으로 충당한다. 차터스쿨이 없다면 이 돈은 공립학교를 지원하는 데 사용될 것이다. 그 사이에 공립학교는 자신의 건축 공간과 교사의 급여·연금 기금을 잃어버린다. 대신에 돈은 차터스쿨 소유자들의 이익으로 떨어진다. 일부 차터스쿨 회사는 교장에게는 연간 수십만 달러를 지불하면서도, 교사에게는 먹고 살기에도 턱없이 부족한 돈을 지급한다. 더욱이 차터스쿨은 시험에 대비해 가르치는 경향이 있으며, 이로 인해 학교는 시험 공장으로 바뀌고 학습은 훼손된다. 그렇다고 차터스쿨이 전체적으로 공립학교보다 뛰어난 수행 결과를 나타내는 것도 아니다. (물론 몇몇 예외가 있기는 하다.)[28] 우리 자녀들의 교육에 대한 통제는 민간회사에게로 넘어가버렸다.

물의 민영화

미국 전역과 제3세계는 물을 민영화하고 있다. 보수적인 세금반대 운동은 흔히 깨끗한 물과 수자원, 하수 처리, 물 공급 체계 유지에 필요한 기금의 삭감으로 귀결된다. 이러한 기금 삭감이 일어나면, 기업이 접근하여 지하수와 하천수계 전체를 사서 유지하겠다는 제안을 한다. 너무나도 흔하게 기업의 이윤 집착은 더 높은 가격과 더 적은 규제, 수질 오염·악화, 환경 훼손, 미처리 하수의 무단 방출, 상수시설의 유지·보수 결여를 의미한다. 어떤 경우 기업은 심지어 한 공동체의 지하수를 추출하여 병에 담아, 이 물을 이 공동체 시민들에게 엄청나게 부풀린 가격으로 다시 판다. 물이 하나의 기업이 될 때, 시민들은 이 회사의 물을 사먹어야 하는 덫에 빠진 고객이 된다.

규제의 민영화

지금까지 많은 영역에서 규제 업무 그 자체가 민영화되었다.

병에 든 음료수를 규제하는 일과 관련하여, 정부는 기껏해야 아주 미미하게 관여한다. 미국 식품의약국의 기능은 병에 담는 과정과 판매하는 과정이 동일한 주에서 이루어지는 물에는 적용되지 않는다. 이로 인해 60퍼센트에서 70퍼센트까지의 생수가 식품의약국의 감독을 받지 않는 상태에 있게 된다. 대부분의 주에는 생수를 규제할 인력이 충분하지 않기 때문에, 생수회사들이 자신에 대한 규제를 행사하는 상황이다.[29]

재무를 규제할 충분한 인력이 없기 때문에, 정부는 재정적인 규제를 민간 회계회사에 외주를 준다. 엔론Enron 스캔들은 무슨 일이 일어날 수 있는지를 입증했다. 정부 내 고위직에 연줄을 지니고 있던 엔론은 규제를 우회하기 위한 요청을 하여 승인받았다. 회사 경영진은 경제 계정을 위조하고 투자자들로부터 거액의 돈을 횡령했다. 주식보유자들은 거의 110억 달러의 손해를 보았다. 회계 법인의 아서 앤더슨Arthur Anderson은 엔론과 공모하여 바로 2000년 한 해 동안 감사 비용으로 250만 달러를 받았고 자문 비용으로 270만 달러를 챙겼다.[30] 신용평가 기관이 증권의 가치를 정확하게 평정하지 못한 것도 2008년 경제 붕괴의 중요한 원인이었다. 가장 영향력 있는 평가 기관의 하나인 무디스가 위태하다고 알려진 증권에 AAA 등급을 평정했고, 이는 결국 이 증권을 샀던 사람들에게 엄청난 손실을 초래했다. 달리 말하면, 증권에 대한 사실상의 규제가 이윤의 극대화를 과업으로 삼는 민간 회사의 수중에 들어간 것이다. 규제라는 공적인 임무가 민영화되어버린 것이다.

딥워터 호라이즌Deepwater Horizon 석유굴착 시설의 폭발•로 11명의 노동자가 죽었고 엄청난 양의 석유가 멕시코 만으로 흘러들어갔다. 이 유출로 인해 수많은 도요새와 물고기, 식물이 생명을 빼앗겼고, 수년에 걸쳐 어업과 새우잡이 산업이 완전히 초토화되었다. 이 사건은 그곳에 사는 사람들의 건강에 부정적인 영향을 미쳤다. 일 년 뒤 돌고래와 고래는 평소 속도보다 두 배 빠르게 계속 죽어나갔다. 이

• 2010년 멕시코 만에 설치한 원유 시추시설 '딥 워터 호라이즌'이 폭발하면서 발생한 원유 유출사고. 이 사고로 노동자 11명이 목숨을 잃었고, 300만 배럴(1억 2,500만 갤런) 이상의 원유가 바다에 유출되었다.

폭발은 규제의 민영화 때문에 초래된 것이다. 영국석유BP와 그 협력사인 핼리버튼Halliburton과 트랜스오션Transocean은 사실상 안전과 관련하여 자기 회사를 직접 점검하는 규제 기관이었으며, 여느 때처럼 안전보다 이익을 중시했다. 이 회사들은 유정油井을 안정시킬 정도의 충분한 시설을 설치하지 않았고, 유정을 봉쇄하기 위해 사용하는 거품에 대한 시험 결과를 기다리지도 않았다. 무엇보다 그들은 중요한 압력 테스트의 결과를 무시했다. 그 결과 가스가 유정에 들어와 솟구치고 폭발했다.

이러한 사례는 얼마든지 계속 나열할 수 있다. 우리의 핵심은 분명하다. 도덕적인 정부 기능—공공성의 보호—의 민영화는 이미 우리 곁에 와 있으며 다양한 방식으로 우리에게 영향을 미치고 있다. 하지만 때로 우리는 이것을 거의 알아차리지 못했다.

작은 정부와 약탈적 민영화

정부가 보호 책임과 역량강화 책임을 이행하는 것은 사익 추구 때문이 아니라 공익 신장을 위함이다. 정부는 그러한 책임을 계속 도덕적 영역 안에 둔다. 그러한 책임을 민영화하여 책임 이행의 목적이 사익 추구가 되면, 재정적 사익과 여타의 사익이 공익을 압도한다. 이는 앞서 논의한 사례에서 이미 살펴보았다. 이것이 바로 '작은 정부'를 주장하는 보수주의자들이 마음속에 담고 있는 것이다.

그래서 우리는 이렇게 말해야 한다.

- 정부는 국민을 보호하고 국민의 역량을 강화해야 할 도덕적 의무를 지닌다. 사기업은 시민들에 대해 그러한 의무를 지지 않는다. 이런 연유에서 강력한 공적 조직을 절대적으로 유지해야만 모든 사람의 안녕과 번영, 안전을 보장할 수 있다.
- 민영화는 공적 재산과 공적 기능, 공적 기관을 사기업의 수중에 넘겨주는 것이다. 종종 민영화는 잘 작동한다. 그러나 사람들의 기본적인 보호와 역량강화에 관한 한, 시민들의 자유를 보호하는 것은 정부의 의무이다.
- 민영화는 약탈적이고 완전히 비도덕적일 수 있다. 사기업에 우리 아이들의 교육을 넘겨주든 우리의 상수도를 넘겨주든, 민영화가 이익을 위해 대중에 대한 정부의 보호와 역량강화를 제거하거나

차단할 때에는 약탈적이고 완전히 비도덕적이다.

▷ 민영화는 시민들의 삶에 더 많은 비용을 부과한다. 기업은 고객에 대한 어떤 도덕적 의무도 없이 이익을 극대화하기 위해 활동하기 때문이다. 그들은 시장이 감당할 가격으로 서비스와 재화를 공급한다. 기본적인 보호와 역량강화는 공적 조직의 수중에 남아 있을 때보다 기업의 수중에 들어갈 때 흔히 더 많은 비용이 든다. 왜냐하면 공적 조직의 관심사는 이윤 추구가 아니기 때문이다.

▷ '작은 정부'를 주창하는 보수주의자들은 보호 기능과 역량강화 기능—교육과 군사적 보호, 깨끗한 음용수—이 미국 사람들에게 필요하다는 것을 아주 잘 안다. '작은 정부'는 공익을 부차적으로 만드는 것이며, 정부의 신성한 도덕적 임무를 포기하는 것이다.

노동자는 기업의 이익 창출자이다

기업은 사람들이 기업을 위해 일할 때에만 이윤을 낼 수 있다. 노동자는 기업과 주식보유자, 최고경영진을 위한 이익 창출자이다.

그렇지만 기업은 자신을 위해 일하는 사람들을 자산과 자원이라는 두 부류로 나눈다. 자산은 최고경영진과 재정전문가, 기술전문가이다. 가장 높은 평가를 받는 사람들로서, 그들의 고용은 인재스카우트 회사를 통해 이루어진다. 그들은 스톡옵션을 제공받고, 인격적 존중과 좋은 대우, 높은 급여를 받는다. 다른 노동자들은 모두 자원으로 간주된다. 그들은 강철이나 연료와 마찬가지로 효율적으로 사용하고 최소한의 비용으로 최대한 활용해야 할 자원이다. 이 노동자들은 이윤창출에서 핵심적인 역할을 하지만, 별로 존중받지 못하며 교체 가능하다. 그리고 이들에게는 가능한 한 적은 임금을 지불한다. 개인으로서는 이 노동자들이 힘이 없다. 노조가 자신들을 대변할 때 이들은 최선의 실적을 내며 기업으로부터 가장 많은 급여를 받는다. 원래부터 자신의 가치를 높이 인정받기 때문에, 자산인 직원들은 노조의 변호를 받지 않으려 한다.

의료보장 수당과 연금은 노동자들이 받는 급여의 일부이다. 연금은 오랜 기간 수행한 노동에 대해 지불을 연기한 금액이다. 기업은 왜 의료보험이나 연금과 같은 혜택을 제공하는가? 부분적인 이유는 노조가 그렇게 요구하기 때문이다. 하지만 또 다른 이유도 있다. 바로 노조가 회사에게 수익을 유지하도록 도움을 주기 때문이다. 기업은 충직하고 자기 회사를 잘 아는 노동자들을 쓰려고 한다. 그래야 신입사원을 채용하여 교육하는 데 드는 비용이나 미숙련 종업원과 작업하는 데 드는 비용을 효율적으로 절감할 수 있다. 의료보장 수당과 연금은 사원들의 충직성을 높인다. 신입사원 채용과 훈련에 드는 비용이 최소화되기 때문에, 기업의 이윤이 증가한다.

이 측면의 많은 부분은 일상의 공적 담론에 존재하지 않는다. 노동자들을 이윤창출자라고 생각하지도 않으며, 따라서 당연히 그렇게 말하지도 않는다. 의료지원 수당과 연금이 이윤창출의 대가로 받는 급여이자 이미 수행한 노동에 대한 사후 지불이라는 사실은 좀처럼 공적인 정치적·경제적 담론에 들어오지 않는다. 이 사후 지불 약속이 기업에 부과하는 윤리적 책임 역시 좀처럼 공적 담론의 일부가 되지 않는다. 기업은 이미 수행한 노동에 대해 전액을 지불할 윤리적 책임이 있다. 이미 수행한 노동에 대한 급여의 일부인 의료보장 수당과 연금을 지불할 기금을 비축할 윤리적 책임이 기업에게 있다는 말이다. 하지만 기업은 흔히 그러한 기금을 자본 투자, 주주배당금, 최고경영진의 급여와 보너스 등 다른 항목에 소비한다. 이미 수행한 노동에 대해 이러한 급여를 주지 않으려고 기업은 충직한 종업원을 해고하고 더 적은 돈으로 더 젊은 종업원을 고용한다. 또한 기업은 외부의 회사들에 일을 맡겨 노동자들에 대한 의무를 회피한다. 기업에 더 많은 이윤을 안겨주는 이러한 행위는 종업원들의 돈을 절취하는 것—이미 수행한 노동에 대해 종업원들이 당연히 받아야 할 돈을 주지 않는 것—에 해당한다.

물론 이 서술은 진보적인 공평성과 호혜라는 도덕적 토대에서 노동자들에게 감정이입을 하고 그들의 명분을 지지하는 진보적인 시각에서 쓴 것이다. 보수적인 관점은 아주 다르다. 자유방임 자유시장에서는 노동자들이 개인적으로 자신의 노동을 특정 가격—자신의 임금—에 회사에 판다. 이 관점에 따르면, 노조가 노동의 가격을 턱없이 부풀린다. 노조의 그러한 행동은 개인적 책임의 원리를 위반하고 노동자들에게 조합 활동비를 내도록 강요하기 때문에 비도덕적이다. 근로권•을 인정하는 주에서는 유니온 숍을 금지하며, 노조가 약해지거나 사라지게 된다. 노동자들이 조합비를 낼 필요가 없고 회사가 조합원 노동자를 고용할 필요가 없기 때문이다. 이 근로권은 두 가지 이유에서 보수적인 이상理想이다. 먼저 이것은 사회적 책임보다 개인적 책임의 원리와 잘 들어맞는다. 또한 공정함이란 바로 당신이 기업과 계약을 맺는 조건이라는 측면에서 이 근로권은 공정하다고 간주된다. 의료지원금과 연금은 보수주의자들의 눈에 '추가분'—이미 수행한 노동에 대한 급여의 일부라기보다 임금에 더해 주는 덤—이다. 그리고 이 추가분은 노조의 주요한 협상 대상이기 때문에, 단체행위의 불법적인 사용으로 간주된다. 단체행위는 전적으로 개인적인 책임에 어긋나기 때문이다. 보수주의

• 의무적인 노조 가입(union shop)과 노조비 납부를 고용조건으로 강제하는 규정(closed shop)을 둘 다 금지하여 노조의 권한을 크게 약화한 법안의 이름.

자들은 노조를 개인적 책임과 기업의 최대 이윤 추구를 철저히 배척하는 일종의 사회주의로 본다. 자산 종업원과 자원 종업원 사이의 계급 차이를 보수주의자들은 기꺼이 수용한다. 왜냐하면 자산 종업원들이 회사의 가치를 높인다는 점에서 당연히 높은 지위를 받을 만하다고 보기 때문이다.

바로 지금은 보수주의 시각이 공적 담론을 지배하고 있다. 진보주의 시각의 논의는 좀처럼 찾아보기 힘들다. 이제 진보주의 시각을 도입하여 계속 반복할 필요가 있다.

그래서 우리는 이렇게 말해야 한다.

- 노동자는 이윤창출자이다. 기업은 사람들이 그들을 위해 일할 때에만 이윤을 낼 수 있다.
- 의료지원금과 연금은 노동자들이 일하여 번 급여의 일부이다. 즉 이미 수행한 노동에 대한 사후 지불금이다.
- 의료지원금과 연금은 노동자들에게 유익할 뿐 아니라, 이 돈을 지불하는 회사에도 유익하다.

- ▷ 의료지원금과 연금은 이윤을 늘린다. 이 돈은 충직성을 높인다. 회사는 미숙련 종업원들과 작업을 수행하는 비용은 물론 새로운 종업원을 채용하여 훈련시키는 비용을 없앨 수 있다.
- ▷ 기업은 수행한 노동에 대해 전액을 지불할 윤리적 의무가 있다. 여기에는 수당과 연금이 포함된다.
- ▷ 기업은 노동자들에게 사후 지불금을 부담할 기금을 비축하고, 그 기금을 다른 어떤 항목에도 사용하지 않아야 할 윤리적 책임이 있다. 그러한 기금을 자본 투자, 주주배당금, 최고경영진의 급여와 보너스 등에 소비하는 것은 비윤리적이다.

■ 교육 ■

교육은 모두의 권리이자 자유의 파수꾼이다

건국의 아버지들이 옳았다. 그들은 공교육이 생동감 있는 경제는 물론 민주주의에도 필수적이라 보았다. 자유는 교육을 필요로 한다. 만일 당신에게 무엇이 가능한지, 무엇이 영향을 미치는지, 당신이 좋아하는 일을 어떻게 할 수 있는지를 알지 못한다면 당신은 자유롭지 않다. 교육은 자아실현의 핵심이자, 당신이 자유로이 이루고자 하는 장래희망의 핵심이다.

민주주의에서 자신의 역할을 수행할 수 있는 교육받은 시민이 아니라면 당신은 자유롭지 않다. 교육받은 시민은 자신이 사는 사회와 관련이 있는 모든 범위의 쟁점에 대해 알아야 하고, 이러한 쟁점의 배경을 이해할 수 있어야 한다.

어떤 사회도 자유로이 생각하는 사람들과 지식에의 자유로운 접근이 없이는 자유를 계속 누릴 수 없다. 어떤 종류의 정보에 접근하든 최고 수준의 교육에 들어가는 비용—대략 연간 4만 달러 이상—이 필요하다면 어떠할지 상상해보라. 가장 부유한 사람들만이 그러한 비용을 감당할 수 있다. 그리고 지식은 권력이기 때문에, 돈이 아무런 도전 없이 사회를 이끌어갈 것이다.

우리는 현재 그러한 방향으로 나아가고 있다.

우리는 모두 교육받은 사람들이 제공하는 혜택을 받는다. 우리는 우리가 만나는 의사들이 열린 의학교육제도에서 우수한 교육을 받은 사람들이길 원한다. 그러한 제도에서는 모든 우수한 연구의 결과물을 모든 의사들이 이용할 수 있다. 이것은 기술자와 건축가들에게도 마찬가지이다. 우리는 내구성이 뛰어난 집과 최적 상태에서 작동하는 자동차를 필요로 한다. 이것은 대중이 이용할 수 있는 방대한 교육체계와 지식체계를 필요로 한다.

우리는 모두 방대한 교육제도로부터 많은 혜택을 받는다. 삶의 여정에서 우리 자신이 필요로 하는 모든 지식을 전부 습득할 수 있는 사람은 아무도 없다. 우리에게는 우리 자신이 모르는 지식을 알고 있는 다른 사람들이 필요하다. 더 많은 교육을 받을 기회를 엘리트에게만 제공할수록, 그러한 지식에 접근하는 비용은 더욱 높아질 것이다. 기업 변호사에서 신경외과 의사에 이르는 매우 뛰어난 기량을 지닌 특수 전공의 전문가들은 높은 서비스 수수료를 받는다. 더 많은 중요한 지식을 민영화된 고등교육이 독점할수록, 그 지식의 사용료는 더욱 높아진다.

민주주의 사회는 보편적이고도 심오한 교육을 필요로 한다. 이러한 교육은 사회적인 관심사이다. 삶의 실용적인 상황을 위해서든 정치적 자유를 위해서든, 우리는 매일 교육을 받은 타인들에게 의존한다.

보수적인 교육관은 자유방임 자유 시장이 적용된 것이다. 좋은 점수는 이익이지만, 나쁜 점수는 손실이다. 탐욕은 선하다. 급우는 경쟁자이지 협력자가 아니다. 성적 인플레이션은 경제 인플레이션의 한 유형이다. 좋은 점수가 많을수록 점수의 가치는 그만큼 낮아진다. 학교생활을 편안하게 할 수 있는 타고난 재능은 부유하게 태어난 것과 같다. 하지만 보수적인 교육관은 대부분의 학생들에게 성공이 절제의 직접적인 귀결이라고 가정한다. 선천적 재능의 결여는 가난하게 태어난 것과 같으며, 성공에 이르는 유일한 길은 절제를 통해 자수성가하는 것이다.

교육을 이렇게 이해한다면, 공교육을 하나의 사업으로 보는 것이 당연하다. 학생들이 좋은 시험성적을 얻는 학교는 수익을 낼 수 있다. 그렇게 우수한 학생들을 가르친 교사들은 보너스와 성과급을 받을 자격이 있는 경영진과 마찬가지로 수익을 얻는다. 늘 시험성적이 나쁜 학교는 수익을 낼 수 없으며, 구제불능 학교로 간주된다. 손해를 내는 회사의 부서처럼, 그러한 학교는 폐쇄할 수 있다. 그리고 금전적 손실을 자주 끼치는 부서의 책임자가 해고의 위험에 직면하는 것처럼, 가르치는 학생들의 시험성적이 높지 못한 교사들도 그러한 위험에 처한다.

이 추론에는 몇 가지 사항이 빠져 있다. 많은 학생들이 빈곤과 끔찍한 환경 속에서 살아간다. 이러한 상황에서 그들은 갱의 일원이 되거나, 범죄와 마약의 유혹에 빠질 수 있다. 정말로 훌륭한 우리의 많은 교사들은 그러한 학교에 자원하여 그 학생들을 가르친다. 좋은 성적을 내든 그렇지 않든 그들을 그러한 운명으로부터 구해낼 희망으로 말이다. 그러한 교사들이 마땅히 받아야 할 것은 존중과 공로수당이지 해고가 아니다. 더욱이 시험에 대비한 가르침은 진정한 가르침이 아니다. 좋은 시험성적을 낸 학생들이 교양 있는 사람들이 아닐 수도 있다. 그들이 더 훌륭한 시민이나 더 나은 공동체 구성원, 더 좋은 부모가 되지 않을 수도 있음은 말할 필요조차 없다. 훌륭한 시험 선수들은 우리의 지식 창고를 늘리지 않을 수 있고, 자신의 지식을 나누는 일이나 우리의 자유에 공헌하는 일에 관심이 없을 수 있다.

교육을 사업으로 보면 공교육의 민영화가 자연스러운 대안처럼 들린다. 지방정부가 운영하는 일부 차터스쿨은 공립학교보다 약간 더 높은 성과를 낸다. 하지만 이것은 몇몇 예외적인 경우이다. 전반적으로 차터스쿨의 운영 성과는 공립학교보다 나은 게 없다. 차터스쿨로 인해 교육의 도덕적 책임은 이익을 추구하는 기업의 손에 들어간다.

그래서 우리는 이렇게 말해야 한다.

- **공교육은 민주주의와 활기찬 경제를 위해 꼭 필요하다. 당신은 자유로운 사회에서 살 때에만 자유로울 수 있다.** 자유로이 생각하는 사람들과 지식에 접근할 수 있는 자유가 없이는 어떤 사회도 자유로울 수 없다.
- **민주주의의 자유는 교육을 필요로 한다.** 무엇이 당신에게 가능한지와, 무엇이 당신에게 영향을 미치는지, 좋아하는 일을 당신이

어떻게 할 수 있는지를 모른다면, 당신은 자유롭지 않다.

▷ 우리는 모두 우리의 교육제도로부터 많은 혜택을 받는다. 개인으로서 우리 자신이 필요로 하는 지식을 행여 가지고 있든 그렇지 않든 말이다. 정말로 우리 중 어느 누구도 삶의 여정에서 우리가 필요로 하는 모든 지식을 다 보유할 수는 없다. 우리는 많은 지식을 지닌 타인들을 필요로 한다. 학교에 다니든 안 다니든, 우리는 이 교육제도를 이용하고 있다.

▷ 엘리트에게만 더 많은 교육을 제공하면, 교육이 제공하는 지식에 접근하는 비용은 그만큼 더 높아질 것이다. 기량이 아주 뛰어난 특수 전공의 전문가들은 자신들의 서비스에 대해 비싼 수수료를 받는다. 민영화된 고등교육이 더 많은 중요한 지식을 독점할수록, 그 지식의 사용료는 더욱 높아진다.

▷ 민주주의 사회는 보편적이면서도 심오한 교육을 필요로 한다. 이러한 교육은 사회적인 관심사이다. 삶의 실용적인 상황을 위해서든 정치적 자유를 위해서든, 우리는 매일 교육을 받은 타인들에게 의존한다. 민주주의에서 지식은 민주화할 필요가 있고, 지식의 민주화는 공교육을 통해서만 이룰 수 있다.

국가 지원금이 유해 식품 생산에 쓰이고 있다

이 발견은 놀라웠다. 우리는 자연이나 물리적 세계와 분리되어 있지 않고, 또한 서로 분리되어 있지도 않다. 몸과 물리적 세계의 통합은 뇌에 배선으로 깔려 있다.

파르마대학The University of Parma•에서는 1990년대에 거울뉴런 체계와 표준뉴런 체계를 발견했다.[31] 뇌의 거울뉴런은 당신이 어떤 행동을 수행할 때는 물론 다른 누군가가 그 행동을 수행하는 것을 볼 때에도 점화한다. 뇌의 감정 영역과 연결되는 거울뉴런 체계 덕택에,

• 공식적인 교명은 이탈리아어로 Università degli Studi di Parma이며, 12세기에 설립된 세계에서 가장 오래된 대학의 하나이다.

당신은 타인들이 어떤 기분인지를 알 수 있다. 이것은 다른 사람과 동물을 향한 감정이입의 토대이다. 표준뉴런 체계는 당신이 어떤 물체를 볼 때나 그 물체와 관련된 어떤 표준 행동을 수행할 때 점화한다. 표준 행동이란 당신이 보통 어떤 물체로 행하는 것이다. 예를 들어 바나나 껍질 벗기기, 사과 한 입 베어 물기, 코코넛 깨기 등이다. 반면 바나나를 밟는 것이나 사과 하나를 당신의 코 위에 떨어지지 않게 올려두는 것은 표준적인 행동이 아니다.

거울뉴런 체계와 표준뉴런 체계 덕택에 우리는 물리적 세계—다른 존재이든 다른 물체이든—와 직접 통합한다. 자연은 우리 밖에 있지 않고 우리 안에 있다. 우리는 공기를 폐로 들이마시고, 물은 우리 몸 이곳저곳을 빠르게 흐르고, 우리는 다시 우리 몸의 일부가 되는 식물과 동물 부위를 삼킨다. 우리가 먹는 고기와, 우리가 마시는 와인이나 소다수, 우리가 들이쉬는 실외의 석쇠 연기, 자동차 매연과 발전소 매연은 모두 우리의 몸에서 멈추어 쉰다. 따라서 환경이라는 명칭은 오해의 소지가 있다. 환경주의의 핵심은 당신의 몸이 자연의 일부가 되는 방식뿐 아니라 당신 자신이며, 또한 당신의 몸에 들어와서 당신 몸의 일부가 되는 모든 것이다.

음식의 경우 자연은 가장 분명히 우리 안에 있다. 우리는 식량의 대부분을 기업 농업으로 얻고, 기업 농업은 우리의 정치에 깊숙이 들어와 있다. 식량과 정치가 하나로 결합하는 지점은 의회가 5년에서 7년의 주기로 통과시키는 포괄적 법안인 농업법the Farm Bill이다. 실제로 이 법은 식량법이다. 이 법은 하나의 국가로서 우리가 '식량을 생산하기 위해 얼마를 지불하는가' 그리고 '이 돈으로 어떤 종류의 식량을 얻는가'와 관련된다. 애초의 생각은 이 나라의 농민들이 우리 국민들을 위해 충분한 식량을 확실히 생산하도록 정부가 돈을 지불해야 한다는 것이었다. 그렇지만 충분한 식량이 한동안 실제적인 쟁점이 아니었음에도, 우리는 여전히 엄청난 금액을 지불한다. 우리는 이러한 질문을 한다. 우리는 지불하는 돈으로 무엇을 얻는가? 그 지불금은 누구에게 돌아가는가?

이 질문에 대해 들리는 얘기 중 일부는 좋은 것이다. 하지만 많은 얘기는 좋지 않으며 바꾸어야 한다. 지불금으로 얘기를 시작해보자.

만일 이 지불금이 대부분 농장에서 일하는 가정에 돌아간다고 생각한다면, 내 말에 당신은 놀랄 것이다. 2010년에 대략 3억 9,400만 달러에 해당하는 9만 개의 수표가 부유한 투자자들과 땅을 실제로 경작하지 않는 부재지주들에게 돌아갔다.[32] 엄청난 액수의 돈이 기업 소유의 거대한 생산회사에게로 간다. 그런 회사는 후한 보조금

총액 덕분에 엄청난 이득을 낸다.

예를 들어, 농업법의 이른바 '농작물 보험'은 사실상 이익 보험이다. 본질적으로 납세자들의 자금을 대부분 기업형인 재배회사들에게 넘겨주는 것이기 때문이다. 정부가 이 보험 비용의 60퍼센트를 지불한다. 이 보험의 최저 기준은 최근 가장 많은 수익을 낸 해이다. 만일 농작물 소득이 가장 수익을 많이 낸 해의 95퍼센트 이하로 내려간다면, 이 보험이 그 차액을 보전해준다. 즉 재배회사는 최소한 가장 많은 수익을 낸 해의 95퍼센트 소득을 보장받는다. 이 보험 비용의 절반 이상은 정부가 지불한다. 더욱이 이러한 보험회사의 대부분—16개—은 해외 기업의 소유이다. 미국 정부는 그러한 회사에 연간 14퍼센트의 이익을 보장해준다. 보조금을 받는 재배회사의 3분의 2는 목화, 쌀, 밀, 콩을 재배한다. 좋다, 목화. 당신은 최근 얼마나 많은 목화를 먹었는가? 얼마나 많은 옥수수 에탄올을?

1995년에서 2010년까지 사과 농장은 2억 6,100만 달러의 보조금을 받은 반면, 목화 농장은 310억 달러 이상의 보조금을 받았다.[33] 우리는 수익성이 가장 높은 일부 곡물을 재배하는 가장 거대한 회사들에게 돈을 주고 있다. 그런데 이런 곡물 가운데 많은 양은 결코 식량으로 사용되지 않는다.

우리는 농업법으로부터 무엇을 기대해야 하는가? 적어도 두 가지를 기대해야 한다. 하나는 건강한 식량이고, 다른 하나는 지원하지 않으면 식량 비용을 감당할 수 없는 사람들을 위한 식량 원조이다.

식량 원조의 측면에서는 식량 법안이 이미 잘 시행되고 있다. 하지만 이 법안은 보수주의자들의 공격을 받고 있다. 식량 원조에 대한 전문적 명칭은 '영양섭취 지원 프로그램'•이다. 이 프로그램은 사실상 식료품 구매권에 해당하며, 미국인들이 서로를 보살피는 아주 좋은 사례이다. 농업법에 따라 식량 원조 프로그램에 지원한 금액은 2010년에 소비한 963억 달러의 대략 3분의 2였다.

최고 14.5퍼센트의 미국인들이 '식량 불안'—우리의 다음 식사가 어디서 오게 될지를 모르는 상태를 지칭하는 전문어—의 희생자이다.[34] 반드시 필요함에도 식료품 구매권은 보수주의자들의 주요 표적이다. 그들은 '지출' 삭감에 기대어, 우리의 동료 미국인들이 절실히 필요로 하는 이 식료품 구매권 제도를 없애려고 한다. 식료품 구매권의 40퍼센트 이상은 어린이에게 가고, 20퍼센트는 장애인에게 간다. 이 제도는 제 역할을 다하고 있다.

• Supplemental Nutrition Assistance Program(SNAP). 저소득층 가정의 자녀들에게 균형 있는 영양섭취를 지원하기 위해 미국 농무부가 운영하고 있는 일종의 식료품 구매권(food stamps) 제도.

그러나 식료품 구매권 비용을 지불하고 난 뒤에도 농업법은 여전히 연간 320억 달러를 지불한다. 우리에게 건강한 식량을 구해주는 돈은 그 가운데 얼마인가? 별로 많지 않다. 건강한 식품은 영양가는 높으면서도 유해하지 않은 식품이다. 균형 잡힌 식판에는 과일과 야채, 콩류, 견과류가 대략 절반을 차지한다. 이 건강한 식품은 미국 농무부 보조금 가운데 얼마만큼을 차지하는가? 2퍼센트이다.[35]

무엇이 해로운 식품인가? 유해 식품에는 기본적으로 두 종류—독성을 포함한 식품과 질병을 초래하는 식품—가 있다. 미국 성인의 약 68퍼센트와 아동의 20퍼센트가 비만이거나 과체중이다.[36] 비만은 당뇨병과 심장병, 고혈압, 뇌졸중을 초래하고, 특정 암의 발병 위험을 높인다. 건강관리제도는 영양 관련 질병을 치료하기 위해 상당한 돈을 소비한다. 구체적으로 비만에 1,470억 달러, 당뇨병에 1,160억 달러, 유해 음식과 관련이 있는 심혈관 질병과 암 치료에 수조 달러를 사용한다. 비만 자체가 건강관리에 들어가는 모든 돈의 거의 10퍼센트를 차지한다.[37] 대부분의 경우 비만의 근원은 조악한 식단이다. 식품 관련 질병의 주범은 잘 알려진 대로 설탕과 높은 과당의 옥수수 시럽, 지방, 녹말, 가공식품 전체이다.

농업법은 이에 대한 많은 책임이 있다. 이러한 식품—유해 식품—은 많은 보조금을 받기 때문에 소비자들에게 더 적은 비용을 청구한다. 이 덕택에 기업식 생산회사들은 더 많은 이익을 낸다. 농업법은 이러한 유해 식품을 생산하는 농업 기업에 엄청난 보조금을 지급하면서 이러한 식품을 금지하거나 차단하려는 어떤 일도 하지 않는다. 이러한 보조금을 장려하거나 값싼 유해 식품의 생산을 차단하려는 조치를 전혀 실행하지 않는 의회 관계자들과 농무부 관계자들은 동료 시민들에 대한 의무를 게을리하고 있다. 그들은 기업 이익이라는 이름으로 시민들의 돈을 사용하여 시민들에게 해를 끼치고 있다.

식품 내 독성은 어떠한가? 이것의 명백한 사례로는 살충제와 제초제, 산성 중금속으로 만든 산성 비료, 산성 화학약품, 때로는 방사성폐기물도 있다.[38] 이러한 비료는 전국적으로 사용한다. 그리고 이러한 비료를 우리가 먹는 식품에 들어 있는 성분으로서 나열해야 한다고 규정하는 연방법은 전혀 없다. 농무부는 이 관행을 감시하고 차단하는 데 농업법의 돈을 사용하지 않는다. 물론 여타의 농업안전 쟁점도 있다. 예를 들어, 장 대장균[e coli]이나 다른 유해 박테리아·바이러스가 우리의 식량을 규칙적으로 오염시킨다는 것은 그러한 쟁점의 하나이다. 하지만 농업법의 식품안전 관련 지출 총액은 이 예산의 0.9퍼센트에 불과하다.[39] 우리의 식량에 기업이 독성을 직접 주입하는지 감시하고 그러한 해악을 예방하는 데 지출하는 돈은 농업법 예산의 1퍼센트도 안 된다.

이러한 꽤나 분명한 독성 이외에도, 식품에는 밝혀지지 않은 다른 독성도 많이 들어 있다. 육류와 생선에는 보통 성장호르몬과 항생제가 들어 있다. 이러한 약품을 먹인 동물과 물고기를 우리가 먹는다. 그러면 이러한 약품의 독성이 우리 몸속으로 들어온다. 우선 왜 그러한 독성은 물고기와 동물에 들어가는가? 아무런 제재를 받지 않을 뿐만 아니라 농업법에 따라 실제로 보조금을 받는 농업 관행 때문이다. 소를 수만 마리씩 거대한 사육장에 빽빽하게 가두어둔다. 소똥은 토양 오염의 원인이자, 소들 사이에서 번지는 질병의 근원이다. 사육장의 질병 확산을 차단하려는 노력으로 소에게 항생제 주사를 맞힌다. 이것은 빽빽하게 밀어넣은 공장에서 사육하는 닭이나 돼지, 물고기도 마찬가지이다. 이러한 환경에서는 이들의 똥으로 인해 역시 질병이 쉽게 확산되며, 따라서 이들에게도 항생제를 먹이거나 주사해야 한다.

왜 물고기와 동물을 이런 식으로 기르는가? 바로 기업의 이윤 때문이다. 공장 식 사육 조건에서 물고기와 동물을 기르면 돈이 절약된다.

이러한 경우 동물학대라는 중대한 쟁점은 별도로 하더라도, 사실 그러한 동물의 고기를 먹을 때 우리는 항생제를 억지로 먹고 있는 것이다. 질병을 완전히 차단하지는 못했다는 사실에 더하여, 항생제는 그 자체가 우리의 건강과 면역체계를 위협한다. 항생제의 남용으로 인해, 박테리아와 바이러스의 내성耐性이 발달한다. 그리고 항생제는 우리의 면역체계를 훼손한다. 이러한 음식을 계속 섭취하는 것은 항생제를 지속적으로 복용하는 것과 같다. 이로 인해 건강에 필수적인 유익한 박테리아가 죽으면, 우리는 내성이 강한 바이러스와 박테리아의 공격을 받기 쉽게 된다. 새로운 항생제는 개발하기 어렵다. 그래서 기업식 농업에서 항생제를 남용하면, 우리가 해를 입기 쉽다. 그리고 우리에게 의학적 치료가 필요할 때 아무런 효과가 나지 않을 수도 있다. 이것은 독성의 직접적인 형태가 아니지만, 동일한 결과를 초래할 수 있다. 유전자 변형 유기체에서 나온 식품도 동일한 부류의 간접 독성에 들어간다. 이 식품은 아주 널리 퍼져 있어서 먹지 않을 수 없는 상태에 있지만 말이다. 이러한 식품의 유전자는 독을 생성하여 벌레와 잡초를 죽일 정도로 변형이 심하다. 유전자 변형 유기체 식품을 먹을 때, 우리는 그러한 벌레 독성과 잡초 독성을 먹는다.

그러한 독성을 하나도 담고 있지 않으며 거의 완전히 건강한 유기농 식품은 어떠한가? 아주 최근 농업법은 아주 적은 금액—대략 0.1퍼센트—을 유기농 식품 연구와 유기농 농부 지원 프로그램에 배정했다.

이 교훈은 분명하다. 농업법은 공적인 돈을 주로 사기업 형태의 농업에 제공한다. 농업법은 모든 시민들을 위한 보호와 역량강화를 장려하고, 건강한 식품에 장려금과 보조금을 지원하고, 유해한 독성 식품을 억제하고 감시하고 (필요한 경우엔) 추방하는 강력한 공적 제도의 한 사례여야 한다.

농업법은 건강한 식품법이 되어야 한다.

그래서 우리는 이렇게 말해야 한다.

- 농업법은 건강한 식품은 장려하고 보조금을 지원하는 반면, 유해 식품은 억제하고 추방해야 한다. 아니면 적어도 유해 식품에 보조금을 지급해서는 안 된다.

▷ 우리는 안전하고 건강한 식품보다 이윤을 중시하는 기업형 농업에 공적인 돈을 제공하지 않아야 한다.

▷ 선 푸드sun food는 지역에서 유기농으로 재배한 식품이다. 오일 푸드oil food는 석유 기반 농약과 살충제로 재배하거나 많은 기름을 사용해 장거리 선적을 한다. 대부분의 기금은 오일 푸드에 배정되고, 선 푸드로 가는 기금은 거의 없다. 이 상황을 뒤집어야 한다.

▷ 농업법 기금은 사람들을 먹여야 한다. 식품 구입권은 기아만이 아니라 굶주림도 예방해야 한다.

▷ 독성은 식품에서 제거해야 한다. 이러한 독성에는 농약, 제초제, 항생제, 산성비료, 특히 방사성폐기물 함유 비료 등이 있다.

▷ 농작물 보험은 이익 보험이다. 납세자들은 식품 자금을 이 보험에 낭비하지 않아야 한다.

석유 개발 회사의 비용을 시민에게 떠넘기지 말라

자연은 유기적이다. 자연 속의 원인은 직접적 행위보다는 오히려 유기적 인과관계로 인해 발생한다. 하지만 자연의 유기적 국면은 인지하여 표현하기 어렵다. 모든 언어의 문법에는 직접적 인과관계를 표현하는 방식이 있다.[40] 반면 문법에 유기적 인과관계를 표현하는 방법을 지닌 언어는 하나도 없다. 유기적 인과관계는 이해하여 논의하기가 정말로 어렵다.

유기적 인과관계의 세부사항으로 들어가기 전에, 먼저 이 인과관계의 정치적 역할을 지적해야 한다. 유기적 인과관계는 진보주의자들에게는 자연스러운 개념이다. 만일 진보주의자들에게 범죄의 원인에 대해 묻는다면, 당신은 고질적인 빈곤, 교육의 부재, 나쁜 이웃, 경제적 역경으로 인한 태만한 양육 등 유기적인 해명을 들을 것이다. 만일 보수주의자들에게 동일한 질문을 한다면, 당신은 '범죄자들은 나쁜 인간이다'라는 직접적 인관관계에 따른 해명을 들을 것이다.

이 차이는 도덕 프레임의 차이에서 나온다. 엄격한 아버지 도덕 프레임에서는 도덕성이란 다음과 같은 단순한 도덕 규칙을 준수하는 문제이다. 예를 들어, 하라고 지시받은 일을 하면 된다. 이것은 절제와 직접적인 행동을 필요로 한다. 규칙을 준수하지 않으면 벌을 받아야 한다. 이렇게 해야 자기절제를 직접 쌓는다. 간단히 말해, 엄격한 아버지 도덕성의 구조는 직접적인 인과관계 개념에 근거한다. 따라서 보수주의자들은 가령 지구온난화라는 설명에 반대한다. 그 설명이 유기적 체계를 포함하기 때문이다.

다음은 생태계 속성의 일부이다. 생태계는 직접적 인과관계의 사례로 처리할 수 없다.

- **평형상태** 고무줄이 약간 늘어났다가 다시 형태를 회복하는 것처럼, 정상적인 조건에 있는 자연계는 특정한 경계 내에 머물며 자기교정을 한다.

- **피드백** 일부 변화는 동일한 변화를 더 많이 초래하고 스스로 확대한다. 이것은 양의 피드백이다. 다른 일부 변화는 동일한 변화를 덜 초래하고 스스로 후퇴하는 경향이 있다. 이것은 음의 피드백이다. 양의 피드백의 한 사례는 극지방의 녹아내리는 빙원氷原이다. 이 빙원은 빛과 열을 반사한다. 지구온난화에 따라, 빙원이 녹는다. 빙원이 녹는 양이 많아질수록, 빙원에 반사되는 빛의 양은 줄어들고 대기권으로 흡수되는 열의 양은 많아진다. 이에 따라 지구는 점점 더 뜨거워지고, 빙원이 녹는 양은 더 많아지는 경향이 있다. 그리고 이 주기는 계속된다.
- **비국지적 인과관계** 비국지적 인과관계는 원거리의 인과관계로 흔히 더 직접적인 원인들의 연쇄이다. 예를 들어, 지구가 뜨거워짐에 따라 대양의 물—가령 태평양의 물—은 뜨거워지고 증발하는 물의 양은 많아진다. 그러면 이 대기권의 물은 동쪽에서 서쪽으로 부는 바람에 캐나다 전역과 북극 전역으로 날려가고, 겨울에는 동쪽 연안에 눈으로 내린다. 따라서 태평양의 열이 동쪽 연안의 눈을 만들 수 있다.
- **비선형적 인과관계** 작은 변화가 엄청난 변화를 이끌어낼 수 있다. 예를 들어, 약간 더 저렴한 재료를 사용하라는 유정 굴착 관리자의 결정은 비교적 작은 변화이다. 하지만 이 결정은 영국석유의 거대한 멕시코만 기름 유출 사고로 이어졌다.

- **범주 횡단 인과관계** 한 개념적 영역에서 의도한 변화가 다른 여러 영역에 영향을 미칠 수 있다. 예를 들어, 중국의 양쯔강 댐은 수력발전으로 전기를 공급한다는 의도로 건설했지만, 이 댐으로 인해 수십만 명의 지역 주민들이 이주하게 되고 아마도 지구의 자전이 변화할 것이다.
- **확률적 효과** 어떤 범위 내의 효과는 확실히 나타날 것이다. 하지만 우리는 그 효과가 정확히 언제 어디서, 정확히 얼마나 거대하게, 어떤 형태로 나타날지는 예측할 수 없다. 예를 들어, 멕시코 만의 열량으로 인해 이곳에서 발생하는 허리케인의 에너지가 증가한다. 이 에너지 증가는 더 강력한 허리케인의 더 빈번한 발생으로 귀결된다. 그러나 우리는 어떤 허리케인도 예측할 수 없다. 그래서 만일 당신이 지구온난화가 허리케인 카트리나를 초래했는가?라고 묻는다면 이 질문은 잘못된 것이다. 특정한 허리케인은 확률적이기 때문이다. 그러나 허리케인 카트리나의 발생 가능성과 강력함이 지구온난화에서 기인했는가?라고 묻는다면 그 질문에 대한 대답은 '그렇다'이다. 왜냐하면 열의 축적이 에너지의 증가를 초래했고 이것은 다시 멕시코 만 폭풍의 강도와 발생 가능성을 높였기 때문이다.

대조적으로 직접적 인과관계에는 여러 다른 속성이 있다. 여러 결과가 원인과 동일한 시간에, 동일한 장소에서, 동일한 강도로 나타난다. 이 결과는 스스로 되돌아가지도 스스로 증가하지도 않는다. 자연은 이런 식으로 작용하지 않으며, 오직 유기적으로만 이해할 수 있다. 이것의 좋은 사례 하나는 키스톤 엑스엘 송유관 사업•이다. 보수주의자들은 이 송유관 사업이 일자리를 창출할 것이라고 주장한다. 사실 이 사업은 이 송유관을 놓는 대략 2,500~4,000개의 단기 일자리만을 창출할 것이다.[41] 그러나 더욱 중요하게, 이 사업은 거대한 유기적 결과를 초래할 것이다. 캐나다의 타르샌드 수굴유정手掘油井은 거대한 북쪽수림대 아래에 놓여 있다. 어마어마한 양의 이산화탄소를 격리하는 이 수림대는 세계에 남아 있는 가장 거대한 삼림지대 순록군 일부의 유일한 서식지이다. 이에 더하여, 북미 명금鳴禽의 30퍼센트와 북미 물새의 40퍼센트는 북쪽수림대의 늪지와 수로에 의존해 산다. 타르샌드에 도달하려면, 북쪽수림대의 수천 에이커를 완전히 베어내고, 강의 물줄기를 바꾸고, 노천 채굴을 해야 한다. 이 숲을 파괴하면, 분명히 그러한 명금 종種은 소멸할 것이다. 그리고 북쪽수림대가 안고 있는 이산화탄소가 방출되어 지구 온난화의 정도가 엄청나게 심해질 것이다. 더욱이 타르샌드 석유

• 미국이 에너지 공급의 안정성을 위해 캐나다 앨버타 주의 타르샌드에서 추출한 석유를 미국 텍사스 주의 정유공장으로 운반하기 위해 추진한 송유관 설치 사업.

는 더럽고 끈적끈적하다. 즉 이 석유는 결국 타르이다. 이 타르 석유를 흐르게 하려면 열이 필요하다. 이 열은 타르 구덩이로 솟구치는 거대한 양의 천연가스에서 나온다. 타르 대신 천연가스 자체를 연료로 사용하지 않는 이유는 무엇인가? 가스 가격이 석유 가격보다 훨씬 낮기 때문이다. 이는 석유회사가 천연가스보다 석유로부터 더 많은 이익을 낸다는 것을 의미한다.

지구온난화의 심화는 물론이고 숲과 종의 파괴도 석유회사의 비용 방정식에 들어가지 않는다. 왜냐하면 이것들이 부정적인 유기적 결과이기 때문이다. 부정적인 유기적 결과는 직접적인 인과관계 계산에서 고려하지 않는 실재 효과이다. 이 결과는 주어진 어떤 프레임의 밖에서 발생한다. 따라서 이 프레임—오직 이 프레임만—을 사용할 때에는 이 결과를 고려하지 않는다. 이 경우에 이 프레임은 석유회사 이윤 프레임이다.

그러나 부정적인 유기적 결과는 더 많다. 열은 타르를 흐르게 할 만큼 충분하지 않다. 타르를 지면 밖으로 나오게 하려면, 엄청난 양의 물과 유독성 화학물질을 주입해야 한다. 이 물은 끈적끈적한 석유 아래에 가라앉았다가 이 석유를 밀어올린다. 그리고 유독성 화학물질은 이 타르의 끈적끈적함을 분해하는 데 도움이 된다. 사용된 물은 유독성 화학물질에 아주 심하게 오염되어, 마실 수 없게 된다. 석유회사는 이 물에 대해 어떤 비용도 지불하지 않는다. 석유회사가 오염된 물을 지표로 끌어올리는 동안 이 물의 근원인 대수층帶水層은 그냥 고갈되어버린다.

유독성 물과 타르의 혼합물은 흐르게 하려면 화씨 150도까지 가열한 다음 송유관에 넣어야 한다. 이 관은 직경 3인치로 거대하여, 하루에 90만 배럴까지 수송할 수 있다. 이 관의 재료인 강철은 두께가 0.5인치 조금 못되는 0.465인치이다. 1,700마일의 송유관을 따라 이 강철은 제곱인치당 1,600파운드의 힘을 받는다. 이 힘은 엑손모빌 사의 송유관이 받았던 힘의 두 배이다. 엑손모빌 사의 송유관은 폭발하여 4만 3,000갤런의 석유를 옐로스톤 강•으로 흘려보냈다.

이 송유관의 강철은 중국과 인도에서 만들었다. 1,700마일에 이르는 이 강철에 단 하나의 결함이 있거나 배관 작업을 하는 기술자가 하나의 실수만 해도, 거대한 폭발이 일어나 엄청난 양의 뜨거운 유독성 물과 타르 혼합물이 배출될 것이다. 그리고 이 혼합물은 이 지역의 지하수면과 대수층으로 스며들 것이고, 정화할 방법이 없

• The Yellowstone River. 간헐천과 대협곡으로 유명한 미국 와이오밍 주 로키 산맥에 있는 옐로스톤 국립공원 입구에 있는 강.

다. 주변 지역은 사람이 거주할 수 없게 될 것이다.

유출 가능성은 얼마나 높은가? 현재도 사용하는 키스톤 타르샌드 송유관 1개는 작업을 개시한 최초 12개월 동안 12회 이상 유출되었다. 이러한 유출은 얼마나 심각했는가? 2010년 7월에는 80만 갤런 이상의 유독성 타르샌드 원유가 엔브리지• 송유관에서 유출되어 미시건 주 칼라마주 강을 따라 30마일 이상의 물과 연안 지역을 오염시켰다. 이로 인해 공중 보건에 문제가 발생했고, 지하수가 위협받고 있으며, 수많은 물고기가 죽었고, 야생동물 서식지가 파괴되었다. 이 오염은 아직도 정화하고 있으며 그 비용은 700만 달러가 넘는다.[42] 정부의 조사에 따르면, 10개 이상의 구간에서 송유관에 불량 강철을 사용했을 가능성이 있다. 키스톤 엑스엘 사업도 인도의 바로 이 회사가 만든 강철을 사용할 것이다.

실시간 누출 탐지기에는 (이 시스템 용량의 1.5퍼센트에서 2퍼센트에 이르는) 하루 70만 갤런 이하의 누출이 등록되지 않는다.[43] 달리 말하면, 이 회사—트랜스캐나다TransCanada—는 하루 70만 갤런 이하의 '작은' 누출을 염려하지 않으며, 심지어 포착하지도 못한다. 이 유

• '엔브리지'의 정확한 이름은 Enbridge, Inc.이며 캐나다 캘거리에 본사가 있는 에너지 배급회사이다. 주로 북아메리카에서 에너지를 수송하고 배급하고 생산하는 일을 한다.

출 탐지기가 겨냥하는 과녁은 마시는 물과 땅, 서식지의 대량 오염이 아니라 오직 유출 원유의 비용이다.

유독성 물과 타르의 혼합물을 원유로 정제하는 데에는 많은 비용이 들지만, 최종적으로 생산되는 원유의 질은 매우 낮다. 이 석유를 비롯해 석유는 다 세계 시장에 나오기 때문에 이 정제 활동은 가스 1갤런 가격을 상쇄하는 데에도 도움이 되지 않을 것이다. 세계 시장에서는 중국과 같은 개발도상국들이 석유 가격을 빠르게 끌어올린다. 미국으로부터 초과 석유가 얼마나 나오든 석유 가격은 별로 떨어지지 않을 것이다. 미국이 현재 생산하는 석유는 세계 석유 시장의 10퍼센트에 불과하기 때문이다. 사실 이 송유관은 미국 중서부의 유가를 끌어올릴 것이다. 이 점은 트랜스캐나다도 인정했다. 트랜스캐나다는 미국이 캐나다 산 원유를 얻는 데 드는 비용은 연간 20조 달러에서 39조 달러까지 늘어날 것으로 추산한다.[44]

키스톤 엑스엘 사업으로부터 얻는 이익은 무엇일까? 단기적으로는 석유회사에게 이익이다. 그러한 이익을 가능케 하는 유일한 요인은 주요 비용을 관계 회사가 아니라 미국 시민들이 지불한다는 점이다. 즉 대수층의 물 사용이나, 수림, 명금의 멸종, 위험 요인에 대해 관련 회사는 아무런 '비용을 부담하지 않는다'. 이러한 것들은 주요한 위험 요인으로 대부분 보험에 들지도 않았고 보험에 들 수도 없다. 이 송유관 주변에 살고 있는 수백만의 사람들이 이러한 위험 요인 비용을 감당한다. 현재는 물론 앞으로 수십 년 동안 그러할 것이다.

이 논의에 대한 우리의 소망대로, 키스톤 엑스엘 송유관은 정말로 장거리 송유관 이상의 것이다. 즉 이 송유관은 엄청나게 복잡한 생태계와 경제계에 내포된 사업이다. 유기적 인과관계는 중요하지만, 공적 담론에 들어 있지 않다. 그 대신 우리가 발견하는 것은 정치가들의 인과적 선언이다. 다음은 공화당이 대통령 후보로 지명한 미트 롬니Mitt Romney의 말이다. "물론 우리는 키스톤 송유관을 건설해야 한다. 우리는 멕시코 만과 노스다코타, 알래스카에서 시추공을 뚫어야 한다. 그리고 우리의 에너지 자원을 이용해야 한다."[45] 롬니에게 기업 대표의 전문적 역량은 기업을 위해 최대의 이익을 만들어내는 무언가에 있다. 그러한 롬니에게 그러한 유기적 복잡성은 하나도 중요하지 않다. 중요한 것은 이익이다. "우리는 한때 주간州間 고속도로망과 후버 댐을 건설했습니다. 현재는 우리가 송유관 하나도 지을 수 없습니다. …… 우리는 한때 제조업과 수출, 투자에서 세계를 선도했습니다. 오늘날 우리는 법정 분쟁에서 세계를 선도합니다. 아시다시피 우리가 법학 교수• 대신 보수적인 기업가를 대통령으로 뽑으면 이 분쟁은 끝이 날 겁니다."[46]

유기적 비용을 무시하는 것은 결코 무지의 문제도 무관심의 문제도 아니다. 기업은 경제적 전문용어로 이른바 '비용과 위험의 외부화'—즉 비용과 위험을 대중에게 돌리는 것—를 위해 치밀한 계획을 세운다. 이런 일은 매일 도처에서 일어난다. 즉 회사가 오염물질과 폐기물을 대기나 강에 쏟아붓는 곳이나, 농지에서 셰일가스 시추 기술을 적용하여 유독성 연못을 남겨놓는 곳 어디서나 말이다. 이 계획은 이익을 내는 사업 모형의 일부이다. 기업은 사업 비용의 전부를 다 내는 것이 아니라, 이 비용을 대중에게 돌리거나 거대 기업의 힘에 저항하기 힘든 고립된 개인들에게 전가한다.

이것은 떠넘기기—계획된 떠넘기기—이지만, 떠넘기기 그 자체보다 더 사악하다. 비용과 위험을 대중에게 슬쩍 떠넘기는 행태는 경제적으로나 도덕적으로 절도와 같은 행위이다. 왜냐하면 돈은 대체 가능하기 때문에, 즉 채무를 떠넘기는 것은 채권을 빼앗는 것과 동일하기 때문이다.

• '법학 교수'는 우회적으로 버락 오바마 대통령을 가리키고 '보수적인 사업가'는 미트 롬니 자신을 가르킨다.

그러나 비용과 위험 요인은 재정적인 것만이 아니다. 여기에는 건강 비용과 생명 위험 요인도 들어간다. 기업은 보통 사람들에게 동의를 요청하거나 알리지도 않은 채 단지 이익을 위해 건강 비용과 생명 위험 요인을 떠넘긴다. 이것은 비도덕적이다.

따라서 키스톤 엑스엘 송유관은 유기적 인과관계의 범례이다. 하지만 보수주의자들은 유기적인 것들을 무시하고 직접적 인과관계의 측면에서만 사고한다. 직접적 인과관계가 개인적 책임의 강조와 딱 들어맞기 때문이다. 이런 연유에서 보수주의자들은 노숙자들을 돕는 일보다 자연재해의 애꿎은 피해자들을 돕는 일에 더 적극적이다. 보수주의자들의 눈에 노숙자들의 어려운 환경은 그들 자신에게 직접적인 책임이 있는 것으로 보인다. 진보주의자들은 유기적 인과관계를 주장하는 반면, 보수주의자들은 유기적 인과관계가 개인적 결함에 대한 구실에 불과하다고 본다.

그래서 우리는 이렇게 말해야 한다.

▷ 석유·석탄·가스 산업을 비롯한 더러운 에너지 산업이 버는 많은

돈은 대기나 자연을 정화하는 비용을 지불하지 않은 것이다. 그러한 산업은 모든 사업 비용을 다 내는 것이 아니라 그러한 비용을 대중에게 전가함으로써 이익을 낸다.

- ▷ 자연은 절대로 공짜가 아니다. 자연을 훼손하거나 파괴하면 다른 어딘가에서 비용이 들어간다.
- ▷ 기업이 셰일가스 시추 기술을 적용하며 '공짜로' 물을 사용하고, 타르석유를 얻기 위해 북쪽수림대를 '공짜로' 벌목하고, 자신의 오염물질을 무단으로 폐기하며 우리의 대기와 물을 '공짜로' 사용한다. 이로 인해 우리가 이 비용을 감당한다.
- ▷ 비용과 위험 요인을 대중에게 슬쩍 전가하는 행태는 도덕적·경제적 절도 행위이다.

지속 가능한 에너지 개발의 필요성을 강조하라

인간이 지구온난화를 초래했다는 과학적인 증거는 엄청나게 많다. 이러한 상황에서는 지구온난화의 존재 자체를 부인하는 사람들—거의 대부분이 보수주의자들—이 여전히 있다는 것이 놀라워 보일지도 모른다. 사실 이것은 하나도 놀라운 일이 아니다.

엄격한 아버지 가정에는 아버지보다 더 높은 어떤 권위도 없다. 이 도덕체계는 시장에 대한 보수주의 견해에 투사된다. "시장의 판단에 맡겨라."라는 보수적인 슬로건에서 보는 바와 같이, 시장 자체가 결정자이며 시장보다 더 높은 권위는 없다. 시장은 (탐욕이 인간의 자연적인 경향이라 간주하기 때문에) 자연적이며 (만일 모두가 자신의 사익을 좇는다면 모두의 이익이 극대화될 것이기 때문에) 도덕적이라 간주된다. 따라서 극단적인 보수주의에서는 당연히 시장보다 더 높은 것도 더 높은 사람도 전혀 없다. 이것은 정부 규제나 과세, 노동(자) 권리, 기업의 불법행위에 대한 소송 사건을 전면적으로 부정하는 것을 의미한다. 그리고 과학이 (핵발전이나, 심층수 시추, 노동력 절약형 기술에서처럼) 시장을 섬길 수는 있지만, 시장과 충돌하는 과학은 간섭이다.

과학은 지구온난화와 관련하여 우리가 시급히 처리해야 할 임무를 알려준다.

지구온난화를 조금만 살펴보아도, 우리는 낡은 오염 에너지의 사용을 최대한 빨리 단계적으로 중단하고, 이러한 에너지를 영원히 존재하는 청결한 에너지원과 비용이 들지 않는 태양·풍력·수력·토양 에너지로 대체해야 한다는 것을 알 수 있다.

적절한 보조금을 지원하면, 이러한 영속적인 에너지원은 곧 경쟁력을 지니게 될 것이다. 하지만 오염 에너지 회사는 미국에 매장되어 있는 방대한 가스·석유 비축량을 이미 찾아냈으며, 이로부터 이익을 얻고자 한다. 현재 이러한 회사들이 내는 이익이 엄청나게 증가하는 것은 사람들이 납부하는 세금에서 나오는 막대한 보조금 덕택이다. 이들은 이러한 보조금을 계속 지원받길 원하면서도, 비용이 들지 않는 깨끗하고 영속적인 에너지를 생산하는 경쟁 회사들에게는 이러한 보조금이 돌아가길 바라지 않는다. 또한 자신들의 사업계획안을 망치고 이익 창출을 방해할 수도 있는 환경성 평가도 원하지 않는다. 바로 여기서 기업의 이익과 보수적 이념이 하나로 결합하여, 에너지 시장에 대한 진지한 규제를 배제한다.

과학은 보수주의자들에게 가장 위험한 영역이다. 과학은 진실을 추구하며, 진실이 언제나 보수의 이상과 신화를 지지하는 것은 아니다. 지구온난화와 진화의 사례를 보라. 이러한 경우에는 과학적 진실을 거부해야 한다.

심지어는 과학계에 수렴적인 증거가 엄청나게 많음에도, 일부 보수주의자들은 지구온난화가 '단지 하나의 이론'이라고 주장한다. 이들은 연구 논문 한 편이나 연구자 한 명의 오류를 이용하여 지구온난화에 대한 과학계의 합의 전체를 무시할 것이다. 이들은 또한 과학자들이 어떤 음모에 관여하는, 정치적으로 진보적인 사람들이라고 주장한다. 이들의 수법은 갈릴레이에 반대하며 사용했던 수법과 동일하다. 단지 이들이 겨누는 과녁이 비교적 최근의 것일 뿐이다.

보수주의자들이 밀리고 있지만, 보수 언론은 총공세로 이 사실을 감추고 있다. 미국인들의 83퍼센트는 지구온난화가 현재 일어나고 있다고 인정하며, 72퍼센트는 인간의 행동이 지구온난화의 중요한 원인이라고 믿는다. 71퍼센트는 과학자들을 신뢰하며, 75퍼센트는 지구온난화의 진행을 막기 위해 정부가 규제를 시급히 도입하길 바란다. 그리고 40퍼센트는 지구온난화가 지극히 중요한 정치적 쟁점이라고 믿는다.[47]

따라서 진보적인 사람들은 에너지원 오염의 결과를 꼭 지적해야 한다. 예를 들어 캐나다에서 흘러들어온 타르, 멕시코 만의 타르와, 셰일가스 추출기술로 인한 상수도의 독성물질 유입 위험에 대해 말해야 한다. 에너지원의 오염은 장기적이든 단기적이든 위험하다. 핵폐기물은 실제로 치명적인 방사성 물질이고, 수만 년 이상 치명적인 상태로 남아 있을 것이다. 이 기간은 지금까지 살았던 모든 인류의 역사보다 길다. 핵폐기물을 저장할 안전한 곳은 어디에도 없으며, 수만 년 동안 이 물질을 가두어둘 방법도 없다. 그리고 핵폐기물이 운반되는 동안 테러리스트들의 공격을 받을 가능성이 있고 다른 위험 요인도 많다.

대조적으로 태양과 바람, 물, 토양—생물량biomass—에서 얻는 에너지는 영속적이고 비용이 들지 않으며 청결하다. 현재 우리에게 없는 것은 강력한 영속 에너지 기반시설이다. 이 기반시설에는 이 에너지원(예: 햇빛)을 전기로 전환하는 발전기나, 이 발전기를 집적망에 이어주는 연결기가 있다. 이 기반시설은 늘 값이 내려가고 있다. 하지만 이 기반시설의 확대와 개선에는 보조금 지원이 필요하다. 그런데 보조금은 현재 더러운 에너지를 지원하고 있다.

에너지 현실

모든 에너지가 다 똑같은가? 더러운 에너지원과 깨끗한 에너지원에 '에너지'라는 낱말을 사용한다는 사실은 모든 에너지가 다 똑같다는 암시를 준다. 물리학자들도 심지어 동일한 단위로 모든 에너지를 측정한다. 그렇지만 여러 에너지 유형이 똑같다는 것은 프레임 구성 현상이지, 객관적 실재가 아니다.

한 푼의 절약이 한 푼의 소득인 것처럼, 1에르그의 절약은 1에르그의 획득이다. 에너지는 대체 가능하다. 절약하는 에너지의 양이 많을수록, 사용을 필요로 하는 에너지의 양은 더 줄어든다. 사용하는 에너지의 양이 많을수록, 절약하는 에너지의 양은 줄어든다. 보존이 생산 못지않게 아주 중요하다. 이런 연유에서 자동차에서 높은 연비가 중요하고, 건물에서 절연 처리가 중요하다.

대체 가능성 프레임이 아무리 중요하다 해도, 이 프레임은 거의 사용하지 않는다. 이 프레임은 더 자주 사용해야 한다. 하지만 대체 가능성은 그 자체로 또 다른 프레임의 진실을 숨긴다. 즉 '더러운 에너지를 사용하지 않으면 지구온난화의 진행이 늦추어지기 때문에 절약하는 것이 더 좋다'라는 사실 말이다. 대체 가능성 프레임과 절약 프레임 둘 다 중요하다. 물론 '대체 가능성과 절약' 프레임이 더 좋다. 이 두 프레임은 보존 노력에 보조금을 지원하는 것은 물론, 생산과 집적 망 연결 둘 다에 보조금을 지원하여 영속적이고 비용이 들지 않는 청결한 에너지원의 개발을 보장할 필요성을 겨냥한다.

대조적으로 더러운 에너지 회사들은 이 두 가지 사실을 다 감추는 프레임을 선전하고 있다. '에너지 자유' 프레임은 에너지 독립을 역설하고, 무기한의 미래에 점점 더 많은 에너지가 필요함을 강조한다. 이 프레임의 광고는 (산봉우리들이 사라지는 것에 대해서는 아무런 언급도 없이) 석유 시추와 셰일가스 추출, 석탄 채굴을 장려한다. 이러한 광고는 더러운 에너지를 자연적이고 청결하며, 우리의 경제에 꼭 필요하다고 선전하고 있다. (그래서 이러한 광고에서 '천연'

가스와 '청결' 석탄이라는 표현을 사용한다.) 이러한 광고에서 언급하지 않는 것은 보존의 대체 가능성—즉 에너지 폐기물이 방대하다는 것과 보존 노력이 에너지 수요를 줄인다는 것—이다.

더러운 에너지를 생산하는 회사는 또한 '등가 에너지' 프레임을 사용한다. 이 프레임에서는 여러 형태의 에너지가 서로 교체 가능하고 공통의 척도를 지닌다. 이러한 회사는 한 가지 물건—에너지—의 많은 형태에 투자하고 있다. 석탄은 태양 에너지만큼 좋다. 석유는 바람만큼 좋다. 천연가스는 대부분의 에너지보다 더 좋다. 등가 에너지 프레임과 에너지 자유 프레임이 무엇을 감추는지는 분명하다. 바로 더러운 연료는 더럽고, 청결한 연료는 청결하다는 사실이다.

그래서 우리는 이렇게 말해야 한다.

▷ 석탄과 가스, 석유를 비롯한 낡은 오염 에너지의 사용을 최대한 빨리 단계적으로 중단하고, 이러한 에너지를 영원히 존재하는 청결한 에너지원과 비용이 들지 않는 태양·풍력·수력·토양 에너지

로 대체해야 한다.

- 우리는 우리의 에너지를 청결하게 할 필요가 있다.
- 더러운 에너지를 점진적으로 추방하라. 더러운 에너지에 대한 보조금 지급을 연장하지 말라.
- 태양과 바람, 물, 토양은 영속 에너지 원천이다.
- 영속 에너지가 바로 미래이다. 이 에너지는 바로 여기에 있고, 비용이 들지 않고, 청결하다.
- 핵발전은 핵 위협이다. 일본을 보라.
- 이른바 핵폐기물은 고방사성 물질이며 수십만 년 이상 그 상태로 남아 있을 것이다. 또한 누출이나 도난의 위험이 있으며, 이것은 수많은 살상으로 이어질 수 있다. 핵폐기물에 청결한 것은 전혀 없다. 방사능 오염은 오염 가운데 최악의 형태이다.
- 에너지는 대체 가능하다. 절약하는 에너지의 양이 많을수록, 사용을 필요로 하는 에너지의 양은 더 줄어든다. 사용하는 에너지의 양이 많을수록, 절약하는 에너지의 양은 줄어든다. 한 푼의 절약이 한 푼의 소득인 것처럼, 에너지의 절약은 에너지의 획득이다. 보존도 생산 못지않게 우리를 위해 유익한 일을 많이 한다. 절약

하라, 시추공을 뚫지 말고.

- ▷ 좋은 토양은 우리에게 영원의 자유를 준다. 장기적으로 농장의 토양은 지하의 석유보다 더 많은 가치가 있다. 시추공을 뚫지 말라.
- ▷ 에너지의 측면에서만 보면 보존은 시추와 등가이다. 그러나 시추는 망치고 보존은 살린다. 보조금을 받아야 하는 것은 보존 활동이지 시추 활동이 아니다.
- ▷ 시민들에게는 보존이 승리이고 석유회사에게는 시추가 승리이다. 당신에게는 어떤 문제가 더 중요한가?
- ▷ 보존을 방해하는 것은 에너지를 낭비하는 것이다.

VI

진보적으로 생각하고 말하기 위한 언어들

이 언어 모음에는 몇 가지 목적이 있다. 첫째 목적은 경고이다. 보수적 가치의 측면에서 정의되는 언어를 사용하지 말라. 불행히도 미국 민주당과 지지자들은 지금까지 너무나도 빈번하게 그러한 언어를 사용했고, 따라서 무심코 보수의 도덕과 가치를 장려함으로써 제 발등을 찍고 있다. 둘째 목적은 민주당의 언어가 없는 곳에 그러한 언어를 장려하는 것이다. 셋째이자 가장 중요한 목적은 왜 우리가 지금 이러한 제안을 하는지를 설명하는 것이다.

공공성의 의미를 부각하는 언어들

이 지뢰밭으로 직접 걸어 들어가 보자. 지난 30년 동안 보수주의자들은 세금을 더러운 낱말로 만들었다. 세금은 정부가 당신의 호주머니에서 꺼내다가 별로 가치 없는 사람들과 사업에 낭비하는, 힘들게 번 당신의 돈을 의미하게 되었다. 과거에는 세금이 사람들에게 더 나은 삶을 제공하는 합당하고 가치 있는 정부 사업에 들어가는 돈을 의미하는 긍정적인 용어였다. 정말로 그러한 사업은 '당신의 세금은 열심히 일한다!'라는 표지판을 세우곤 했다. 여전히 납세자라는 낱말에는 긍정적인 어감이 들어 있다. 이 낱말은 자신의 세금을 기꺼이 내고 이 돈이 가치 있는 사업과 프로그램에 사용되기를 기대하는 고결하고 책임감 있는 시민을 지칭한다.

그러나 대체로 보수주의자들은 (세금에 대한) 부정적인 의미를 공적 담론으로 가지고 들어왔다. 흔히 민주당과 지지자들의 도움을 받으면서 말이다. 세금 구제라는 어구를 예로 들어보자. 구제를 정의하는 프레임에는 어떤 고통과 이 고통을 당하는 당사자, 이 고통을 없애주는 구원자가 있다. 구원자는 영웅이고, 고통을 가하거나 이 고통의 해소를 원하지 않는 사람은 악당이다. 구제 앞에 세금을 덧붙일 때, 〔세금은 고통〕 은유가 나온다. 이 은유는 세금 구제에 반대하는 사람은 누구나 다 악당이라는 의미를 함축한다. 이 은유는 보수적인 체계에서만 의미가 통한다. 그래서 이러한 낱말을 사용하면, 구제 프레임과 이 은유가 떠오를 뿐만 아니라, 이 은유를 이해하는 데 사용되는 도덕체계도 함께 떠오른다.

"세금은 고통이다."라는 말은 조지 부시George W. Bush가 취임식 날 처음 사용하여 공적 담론에서 보수적인 주문呪文이 되었다. 민주당과 지지자들도 이 말을 차용하여 중산층 세금 구제나 소규모 자영업자를 위한 세금 구제와 같은 말을 사용했다. 유권자들의 뇌에 보수적인 도덕체계를 심어주기 때문에, 이러한 말은 오히려 보수주의자들에게 도움을 준다.

세금 부담도 비슷한 사례이다. 짐은 당신의 몸을 내리누른다. 그러면 당신은 어느 곳으로도 이동하기 힘들고, 원하는 일을 수행하기 어려워진다. 여기에 세금을 더하면 〔세금은 짐〕 은유가 나온다. 이 은유는 당신의 이동 방식이나 행동 방식을 제한한다. 세금 인하를 요구하는 사람들은 당신의 어깨에서 짐을 내려주는 영웅이다.

조세 피난처tax havens나 세금 탈출구tax loopholes도 역시 세금을 달아나야 할 악이라 정의한다. 피난처는 해악으로부터 안전한 쾌적한 장소이다. 여기서 당신이 피하지 않는다면 세금은 당신에게 해를 끼칠 수 있다. 세금 낙원tax paradises도 비슷하게 작동한다. '탈출구'는 세금 그물에 걸리지 않기 위해 당신이 탈출 통로로 사용할 수 있는 구멍이다. 세금 회피avoiding taxes나 세금 포탈evading taxes은 세금을 악—당신을 붙잡아서 해를 끼칠 수 있는—으로 묘사한다. 비록 세금 포탈은 범죄이지만, 〔세금 포탈〕 은유는 세금을 악으로 묘사한다. 세금 인하tax cuts라는 용어도 마찬가지로 작용한다. 이 용어는 세금이 너무 높다는 의미와 세금을 낮추는 것이 언제나 선善이라는 의미를 함축한다.

상속세를 지칭하는 이름인 사망세death tax는 보수주의자들이 세금 프레임을 만드는 방식의 교활한 사례다. 상속세는 500만 달러 이상을 상속받는 사람들에게만 적용되며, 그러한 사람들의 상속재산이 정말로 근로소득인 것처럼 그 재산에 세금을 매긴다. 그렇지만 사망세라는 용어는 이 세금이 모든 사람들은 다 죽기 때문에 모든 사람들에게 적용되는 세금이라는 암시를 풍긴다. 이 용어는 의도적으로 기만하는 표현이다. 나머지 프레임은 단순히 경제학에 적용된 보수적 도덕체계의 발현이지만 말이다.

그러한 보수적인 언어의 사용을 피하기 위해, 가능한 한 세금 대신 세입 revenue 이라는 말을 사용하라. 세입은 기업에서 나온 낱말이며 어떤 기관을 운영하기 위해 필요한 수익을 지칭한다. 그리고 이것이 바로 세수 tax revenue 의 용도이다. 세입의 초점은 누가 이 돈을 지불하는가나 누가 이 돈을 받는가가 아니라, 이 돈의 사용에 있다. 세입은 부정적 함축을 전달하지 않는다.

공공성을 위해 사용되는 돈의 맥락에서, 세입은 상당히 중립적인 낱말로 상당한 진실을 전달할 수 있다. 우리는 백만장자들이나 억만장자들, 높은 가스 가격으로 기록적인 이익을 내는 석유회사들에게 너무 낮은 세금을 부과하는 정책과 관련하여 세입 고갈 revenue depletion 이나 세입 방치 revenue neglect 라는 말을 사용할 수 있다. 빚과 적자는 세입 방치의 사례가 된다.

세금에 예전의 긍정적 어감을 돌려준다면, 그것은 유익할 것이다. 그리고 가치 있는 사업과 프로그램에 성공적으로 활동하는 당신의 세금이라는 문구를 넣는 것은 세금의 긍정적 어감을 돌려주기 위한 활동을 시작하는 좋은 방법 가운데 하나일 것이다. 당신이 세금으로 얻는 것을 강조하는 낱말에는 회비dues와 등록비fees가 들어 있다. 회비는 회원들의 재정적 후원을 받는 기관의 회원 신분을 강조한다. 회비는 자신들이 받는 혜택 전반에 대해 회원들이 지불하는 돈이다. 헬스클럽에서 '회비'는 일반 시설과 급료, 유지비, 공공요금 등에 들어간다. 등록비는 요가 수업과 같은 구체적인 활동을 포괄한다. 공적 생활에서 당신은 아마도 '도서관의 친구들Friends of the Library' 에는 회비를 내고, 공원 내 일일 주차에 대해서는 등록비를 낼 것이다.

서비스는 구체적 서비스에 대해 요구하는 요금 청구를 지칭하는 사업상 용어이다. 당신은 당신이 받는 서비스에 대해서만 요금을 낸다. 사업체는 고객에 대한 어떤 도덕적 의무도 지지 않고, 고객 역시 사업체에 대한 도덕적 의무가 전혀 없다. 서비스는 단지 시장 거래의 문제이다. 따라서 정부 서비스government services는 우리를 오도하는 용어이다. 왜냐하면 이 용어는 모든 시민들이 서로에 대해 갖는 도덕적 유대를 무시하기 때문이다. 예를 들면, 이 용어는 공무원들과 그들이 섬기는 시민들 사이의 도덕적 유대를 무시한다. 이 용어를 사용하면 서비스 산업계의 사기업이 정부 못지않게 일을 아주 잘 처리할 수 있다는 암시를 받게 된다. 따라서 정부 서비스라는 용어를 사용하면, 대부분의 정부 서비스를 민영화하려는 보수적인 정책이 옳다고 믿게 된다. 정부 서비스는 대부분 정부의 공무원들이 사적인 이익이 아니라 시민 전체의 이익을 위해 수행하는 도덕적 임무이다.

정부 서비스라는 말의 사용은 또 하나의 문제를 야기한다. 시민이 고객으로 바뀌게 된다. 이것은 정부의 도덕적 임무로부터 민영화를 향해 한 걸음 더 나아가는 것이다. 시민은 자신의 정부의 일원이며 자신의 정부를 만들 때 일정한 역할을 수행한다. 고객은 자신에게 서비스를 판매하는 기업의 일원이 아니며 그러한 기업의 운영 방식이나 대표이사를 결정하는 데 아무런 발언권이 없다.

무상 의료free health care와 같은 표현도 동일한 상업 프레임을 떠오르게 한다는 점에 주목하라. 이 프레임에서는 의료가 어떤 가격에 판매할 수도 있고 무상으로 제공할 수도 있는 생산품이다. 그러나 의료는 무상이 아니라, 공적인 재정으로 관리하는 것이다. 의료를 무상이라 부르면, 의료에 대한 시장 프레임에 말려들어 아픈 사람들과 부상당한 사람들이 고객이 되어버린다. 이 프레임에서는 정부가 하나의 기업체—그것도 나쁜 기업체—가 된다. 왜냐하면 좋은 기업체는 자신의 상품을 공짜로 내주지 않기 때문이다. 만일 좋은 기업체가 그렇게 한다면, 빚과 적자가 급속히 쌓이게 된다. 이것은 민영화가 필요하다는 느낌을 넌지시 전달한다. 진정한 기업가들이 정부를 하나의 기업체로 운영하도록 말이다.

민주당과 지지자들은 현재 돈이 없는 모든 미국인들을 위해 아메리칸 드림을 실현하는 것이 자신들의 목표라고 말한다. 아메리칸 드림 프레임은 개인들과 관련이 있다. (엄밀히 말해서 꿈은 잠자는 한 개인이 꾸니까.) 또한 돈으로 살 수 있는 것, 즉 좋은 집, 자동차 한두 대, 연간 휴가, 양질의 의료, 대학교육, 먹고 살고도 남는 돈과 관련이 있다.

민주당과 지지자들의 동인은 너무 가난해서 현재로서는 그러한 것들을 살 수 없는 사람들에 대한 감정이입에서 온다. 그러나 실제로 이것은 돈 프레임이다. 돈 프레임에서는 진보적 가치가 배제되고, '당신이 왜 다른 사람들에게 관심을 가져야 하는가'라는 질문에 대한 대답이 사라진다. 돈 프레임은 당신이 어떤 종류의 사회에 살고 싶은지에 대해 말하지 않는다. 공공성에 대해서도 말하지 않는다. 공적인 것들이 없다면 모든 사람의 꿈은 악몽일 테지만 말이다. 돈 프레임은 '우리가 이 모든 것을 함께 한다!'라는 신념을 배제한다. 아메리칸 드림을 장려하는 민주당과 지지자들은 이 신념을 가지고 있을지 모르지만, 아메리칸 드림에 도달하고자 하는 사람들은 그렇지 않을 수 있다. 왜냐하면 진보적인 도덕적 이상은 아메리칸 드림의 일부가 아니기 때문이다. 우리는 아메리칸 드림 대신 미국의 이상American Ideal이라는 어구를 제안한다. 이상은 도덕성과 탁월성을 모두 지칭하기 때문이다. 그리고 이른바 정부 서비스는 시민과 기업을 위한 여러 형태의 보호와 역량강화를 통해 공공성을 실현하는 것이다. 따라서 우리는 모두 정부 서비스에 대해 이렇게 말해야 한다. 우리는 공공성이 수행하는 것을 시민적 과업civic tasks이라 부르고, 이 과업을 수행하는 기관을 과업 전담팀task forces이라 부르자고 제안한다.

이는 단순히 이름을 다시 짓는 것만이 아니다. 공공성이 무엇을 이루고자 하는지와 어떻게 이것을 달성해야 하는지에 대해 다시 생각하는 것이다. 과업은 수행할 필요가 있는 중요한 어떤 것으로(낭비가 아니다), 책임을 동반하고(인간과 무관한 책임이 아니다), 노동과 기술을 요하며, 더 거대한 과제의 일부이자 일련의 책임의 일부이고, 그냥 아무나 수행할 수 있는 그런 것이 아니다. 이 낱말은 대중을 보호하고 그들의 역량을 강화하기 위해 수행해야 하는 일을 묘사하는 것으로 보인다. 가령 규제, 교육, 의료, 연구, 법률 시행, 기반시설의 구축·유지 등을 생각해보라. 시민적이라는 용어는 이러한 과제가 공적 생활의 일부이지 절대로 사적인 거래 대상이 아니라는 것을 보여준다. 과업 전담팀은 단순히 자신들의 개별 임무를 수행하면서 사무실에 앉아 있는 사람들이 아니다. 과업 전담팀은 하나의 통합 집단으로서 공공의 복잡한 과제를 수행하기 위한 최적의 조직이다. 이러한 재고 과정에는 감정이입과 책임은 물론 탁월성의 윤리도 들어간다. 과업 전담팀의 구성원들은 자신의 임무를 최대한 효율적으로 수행할 의무와 공동 책임을 지닌다.

낱말 소비하다spending는 재원을 바닥낼 정도로 돈을 지출한다는 것을 넌지시 전달한다. 당신이 돈으로 무엇을 얻는가나 그 지출이 정말로 필요한가, 그 비용의 가치가 있는가에 대해서는 아무런 언급도 하지 않는다. 이 낱말의 구체성 결여는 자의성을 암시한다. 또한 그 돈의 많은 양을 당신이 직접 쓰라는 암시를 전달한다. 그 돈이 얼마만큼의 가치가 있는지에 대해서는 아무런 암시도 하지 않으면서 말이다. 보수주의자들은 정부의 소비라는 용어를 도입했다. 이 용어는 돈이 낭비된다는 느낌과 이 돈의 소비자들이 낭비벽이 있는 자들이라는 느낌을 넌지시 전달한다. 정부가 지출해서라도 꼭 해야 할 임무나 정부의 지출 덕택에 생겨나는 좋은 일은 이 프레임의 일부가 아니며, 혜택을 누리는 시민들이나 기업들도 역시 그 일부가 아니다.

민주주의의 경제학자들은 경제에 투입하는 돈을 정의하기 위해 이 소비하다라는 낱말을 사용한다. 이 투입의 목적은 보통 경제 성장을 견인하는 것이다. 즉 하나의 자극이다. 이것은 이 낱말이 대중들에게 어떤 의미를 전달하는지를 무시한다. 민주당과 지지자들이 경제학자들처럼 소비하다를 사용할 때, 그들은 정말로 공기업에게서 자금을 빼앗는 보수적 의제에 도움을 준다.

비슷한 일은 보수주의자들이 오바마의 의료개혁을 폄하하기 위해 만든 무례한 용어인 오바마케어에도 일어난다. 이 용어의 초점은 이 입법이 지원하는 사람들이나 이 입법의 도덕적 가치나 이 입법이 개인들의 삶과 국민 전체의 삶에서 차지하는 중요성보다 오히려 이 입법을 제안한 사람에 맞춰져 있다. 행정부 구성원들을 비롯한 민주당 지지자들은 이 용어를 수용했다. 이들은 보수적인 대의 명분을 돕고 있다.

오바마 행정부는 한술 더 떠서 이 입법에 최악의 이름—저렴한 의료 법안—을 부여했다. 저렴한은 세 가지 측면에서 대재앙이다. 첫째, 이 낱말은 건강과 생명을 상업 프레임에 넣는다. 이 프레임에서는 〔의료는 상품〕 은유를 사용한다. 둘째, 이 낱말은 의료를 도덕 프레임에 넣지 않으며, 보호의 도덕적 차원을 무시한다. 이로 인해 보수주의자들은 자신들의 도덕적 시각에서 이 입법의 프레임을 짤 수 있는 여유를 얻었다. 그들은 이 입법을 정부의 침탈로 간주하고, 비용편익 분석을 사용해 노인의료계획안을 사망선고위원회로서 통제하는 데 초점을 두었다. 셋째, 이 낱말은 낮은 수준의 의료를 암시한다. 저렴한 것이 반드시 가치 있는 것은 아니기 때문이다. 미국식 계획안the American Plan이라 칭했더라면 어떠했을지 상상해보라. 이 명칭은 공격하기 훨씬 더 어렵고, 기회 있을 때마다 언급하면 즐거울 것이다. 미국식 계획안은 애국적이고, 모두가 함께 한다는 느낌을 주며, 탁월성을 암시한다.

소비하는 정부의 사례로 되돌아가보자. 이 명칭의 대안은 무엇인가? 떠오르는 명칭의 하나는 투자investment이다. 태양·풍력·수력·토양 에너지원에 대한 보조금은 미래를 위한 하나의 투자일 것이다. 건물과 고속철, 교육의 기반시설이 그러했던 것처럼 말이다. 이 모든 것들은 미국을 위한 투자이다. 기존 프로그램을 유지하고 빚의 상환을 지원하는 것은 투자가 아니라, 유지비이다.

보수주의자들이 공적 담론으로 가져왔고 많은 민주당원들이 동조했던 여타의 프레임에는 적자와 빚, 채무한계의 개념이 있다. 앞에서 지적한 바와 같이, 국가 예산은 결코 가정 예산과 같지 않다. 하나의 국가로서 우리의 돈은 주로 우리 자신에게서 나오며, 우리는 돈을 찍을 수 있고, 값싸게 빌릴 수 있다. 우리는 이러한 것을 말할 프레임이 필요하다. 이 프레임에서는 보수적인 과세와 규제 반대, 보조금 정책이 현재의 재정적 위기 상황의 주요한 원인이라는 것을 지적해야 한다. 보수적인 재정 정책은 있는 그대로의 모습에 합당한 이름으로 불러야 한다. 적자유발 정책deficit creation policies이라고 말이다. 앞에서 언급한 바와 같이, 세입 방치나 세금 과소 부과와 같은 용어를 사용하여 그러한 정책을 토론할 수 있다.

안전망이라는 말도 몇 가지 약점을 지니고 있다. 보수주의자들은 이 약점을 이용하여 안전망을 해먹hammock이라 지칭한다. 이 두 개념의 심적 영상은 비슷하지만, 사회 프로그램에 대한 보수적 의견을 장려하는 데 도움이 되는 더 심오한 연결이 있다. 안전망 속으로 떨어지는 사람은 수동적이다. 그 사람은 이 그물을 잡고 있지 않고 다른 사람들이 잡고 있다. 그러나 실제로 사회보장이나 노인의료보호, 실업보상금을 필요로 하는 사람은 평생 동안 일을 하며 자신의 안정적인 삶을 책임져왔다. 안전망 이미지로 인해 이 중요한 사실은 배제되고, 해먹 이미지가 유의미하게 된다. 우리는 자신이 누워 있는 해먹을 직접 떠받칠 수 없다. 안전망이든 해먹이든, 당신은 외부의 다른 힘에 의존한다. 이 덕분에 보수주의자들은 안전망이 의존성을 키우고 일할 동인을 빼앗는다는 암시를 전파할 수 있다.

〔안전망〕 은유는 더 심오한 은유적 함축을 갖는다. 우리는 아래로 떨어지며 망으로 들어간다. 이곳이 떨어질 수 있는 최대 거리이다. 은유적으로 〔통제는 위〕이고 〔통제의 결여는 아래〕이며, 〔추락은 실패〕이고 〔비도덕은 아래〕이다. 이것은 사회 프로그램에 의존하는 사람들이 자신의 재정적 삶을 통제하지 못해 다른 사람들에게 의존한다는 점에서 비도덕적인 실패자라는 함축을 전달한다. 보수적인 종교에서는 추락이 '은총으로부터의 추락' 개념을 활성화한다. 이 모든 것은 정치에 대한 보수적인 도덕체계와 딱 들어맞는다. 가령 사람들은 자신의 재정 상태를 개인적으로 책임지고, 필요한 돈의 부족은 절제와 동인의 부족을 의미하며, 재정적 역경은 도덕적 실패를 나타낸다. 안전망 은유는 바로 이 보수적 도덕체계에 말려들게 된다. 그 이전에 어떤 노력을 했든 현재 어떤 노력을 하

고 있든, 이 은유는 이 노력을 감춘다.

유사한 쟁점은 **복지권**entitlements이나 **복지후생**benefits과 같은 낱말이 제기한다. **복지권**이 의미하는 것—당신에게 '권리가 있는' 것—을 교묘하게 이용하여 이 낱말을 더러운 낱말로 만든 사람은 바로 로널드 레이건이었다. 권리소유 프레임은 노동소득 프레임과 다르다. 당신은 돈을 벌지 않았어도 돈에 대한 소유권을 지닐 수 있다. 보수주의자들은 모든 임금은 일하여 번 것이어야 하고 어떤 사람도 아무것이나 그냥 받을 권리는 없다고 말한다. 이러한 프레임 형성 덕택에 사실—가령 복지권은 대부분 이미 수행한 노동에 대해 나중에 받는 임금이다—이 이 프레임 형성과 충돌할 때, 보수주의자들은 이 상황을 회피할 수 있다. 복지권은 노동소득의 한 형태이다.

그러나 **복지권**이라는 낱말은 이 말을 하지 않는다. 민주당과 지지자들은 사회계약이라는 암묵적인 개념을 사용하여 복지권을 해석하는 프레임을 채택했다. 만일 당신의 노동 인생 내내 열심히 일하고 원칙에 따라 행동한다면, 당신은 노령기에 안정적인 의료보호를 받을 권리가 있다. 그리고 만일 일을 하다가 해고당한다면, 당신은 다음 일자리를 구할 때까지 삶을 계속 영위하도록 충분한 지원을 받을 권리가 있다. 그러나 이것은 묵시적인 것일 뿐, **복지권**의 의미에 들어 있지 않다.

유사한 일은 복지후생에서도 일어난다. 이른바 복지후생은 사실 근로소득의 형태이다. 즉 이미 수행한 노동에 대한 지불금이지만 의료보험, 연금, 퇴직수당 등의 형태로 받는 것이다. 복지후생과 복지권은 대부분 거치据置 급여이다. 복지후생이라는 낱말은 그 돈이 호의로 사람들에게 주는 어떤 것이 아니라 일해서 번 소득이라는 사실을 감춘다. 고용주가 지불하는 의료보험은 노동자가 일해서 번 의료보험이라 불러야 한다. 고용주가 마음의 호의로 당신에게 의료보험을 제공하고 있는 것이 아니다. 당신이 고용주에게 충성을 다해서 일을 하여 그 의료보험을 벌고 있는 것이다. 많은 노동자들은 단지 자신의 의료보험 보장을 유지하기 위해 직업을 계속 유지한다. 고용주의 시각에서 보면, 노동자의 충성은 사업과 이윤 증가에 도움이 된다. 규칙적으로 새로운 노동자를 뽑아서 훈련시키려면 많은 비용이 들 것이기 때문이다. 복지후생을 줄이는 현재의 조치는 사실상 급여를 내리는 조치이자, 노동자들이 이미 일해서 벌었던 돈의 전액을 지불하기를 기피하는 행위이다. 우리는 어떻게 이 상황의 진실을 더 잘 표현할 수 있을까?

여기에는 두 가지 중요한 사실이 은폐되어 있다. 첫째는 노동자들은 사회보장과 노인의료보호, 실업보험에 돈을 넣었으며, 이것은 일종의 거치 급여라는 사실이다. 둘째는 더 미묘한 사실로서, 사회에 대한 당신의 기여는 대부분의 경우 당신의 소득에 반영되어 있지 않다는 것이다. 이것은 우리의 경제가 어떻게 조직화되는가에 대한 한 가지 사실이다. 기업이 노동을 자원으로 볼 때 자연스러운 조치는 이 자원에 대한 지불을 최소화하는 것이다. 그 결과는 노동력 해체이다. 이 목적을 달성하는 기업의 정책은 다섯 가지이다. 노조를 파괴하여 노동자들의 협상력을 약화하라. 기술을 이용하여 노동자를 대체하라. 가능한 한 최소의 숙련 기술을 요하도록 노동을 조직화하라. 나이든 노동자를 해고하고 젊은 노동자로 대체하라. 영속적인 일자리를 외주 노동과 시간제 노동으로 대체하라.

이것이 바로 우리 경제의 현 실상이다. 그 결과 임금은 지난 30년 동안 거의 오르지 않았다. 이 문제는 2011년 이 나라 경제에 들어온 93퍼센트의 추가 소득이 최상위 1퍼센트에게 돌아갔다는 사실—이미 앞에서 살펴본—에서 확인할 수 있다. 노동이 하나의 자원일 때, 노동의 가치는 가능한 한 낮게 매겨진다. 이 노동은 항상 할인판매 중이다.

이것을 극적으로 보여주는 수치가 있다. 2007년과 2011년 사이에 스탠더드앤드푸어스 사•가 매긴 500대 기업의 수입은 노동자당 37만 8,000달러에서 42만 달러로 올랐다.[48] 노동자의 임금은 결코 그렇게 오르지 않았다. 노동자들은 자기 회사에 더 많은 이익을 생산해주고 있지만, 그에 합당한 임금을 받지 못하고 있다. 행여 노동자들이 합당한 임금을 지불받는다면, 노동자 1인당 회사의 이익은 줄어들 것이다.

사실 이러한 이득은 흔히 종업원을 잘라내어 기업의 몸집을 줄이는 행위, 이른바 '정리해고'를 통해 달성한 것이었다. 마치 노동자들이 과체중인 사람의 군살인 것처럼 말이다. 이러한 회사는 노동자들을 해고하거나 저임금 노동 국가에 일을 외주하여 더 많은 이익을 낸다. 이러한 활동은 회사의 효율성·생산성 개선으로 간주되지만, 사실은 노동자 효율성과 노동자 생산성의 개선이다. 그러나 노동자들은 회사가 더 효율적으로 사용하는 자원으로 간주되기 때문에, 효율성과 생산성은 회사의 시각에서 의미가 있는 낱말이다.

민주당의 사회계약 개념은 이 핵심 시각을 수정하려는 암묵적인 시도이다. 하지만 결코 명시적으로 언급되지 않은 상태이다. 당신

• Standard and poor's. 무디스 투자자 서비스(Moody's Investors Service), 피치 레이팅스(Fitch Ratings)와 함께 세계 3대 신용 평가회사의 하나. 스탠더드앤드푸어스는 주식과 증권에 대한 재정 연구 및 분석 결과를 발표하며, 특히 S&P 지수라 불리는 주식시장 지수로 유명하다.

의 직업이 무엇이든, 당신의 급여가 얼마이든, 평생에 걸쳐 수행한 성실한 노동은 평생 동안 사회에 기여한 가치가 있다. 그리고 이것은 유일한 기여가 아니다. 당신은 훌륭한 시민이자 신뢰할 만한 공동체 구성원, 듬직한 가족구성원이었다. 이것 역시 사회에 대한 기여이다. 이 기여는 임금과는 거의 또는 전혀 상관관계가 없지만 안정적인 사회를 위해 매우 중요한 것이다. 그리고 사회의 안정은 정치적 자유와 사생활, 사기업에 절대적인 필수요건이다.

소득과 자산의 대부분이 사회의 상위 1퍼센트에게 갈 때, 사회에 대한 99퍼센트의 기여는 무시된다. 이러한 상황을 모두 공적 담론에 넣을 필요가 있다.

자유 시장free market은 보수적인 용어이다. 민주당 관계자들은 이 용어의 사용을 피해야 한다. 시장은 좀처럼 자유롭지 않다. 시장의 자유는 소비자와 노동자를 보호하는 규제에 상대적일 뿐이다. 자유 시장에 대한 진보적인 대안 용어인 진보 시장liberal market은 시장이 공적인 것에 의존한다는 것과, 공적인 것을 유지할 윤리적 의무를 지닌다는 것을 인정한다. 진보 시장은 장기적인 시장이며, 단기적 탐욕이 우리 경제와 환경, 노동력에 압박을 가한다는 것을 인정한다. 가장 빠른 이익을 바라는 단기 투자가들은 노동자 조직을 해체하도록 회사에 압력을 행사한다.

만일 일터에서 가장 먼저 사용하지 않아야 할 표현이 하나 있다면, 그것은 바로 인적 자원이다. 일단 사람들을 자원이라는 프레임에 넣고 나면, 그들에게 들어가는 비용은 최소화해야 한다는 귀결이 나온다. 다른 방식의 프레임은 종업원들을 회사의 귀중한 자산으로 보는 것이다. 자산은 대차대조표의 차변으로 간다. 이것은 이 용어 사용의 약간은 긍정적인 면이다. 물론 부정적인 면도 있다. 자산을 사용하든 자원을 사용하든 이 두 표현으로 인해 종업원들은 사람이 아니라 경제 단위가 된다.

아직 논의하지 않은 좌파 내부의 균열이 있다. 이 균열은 자유방임 시장에 반대하는 합리적인 이견과 진보 시장에 대한 진지한 토론의 부재로부터 나온다. 만일 진보 시장의 존재를 인정하거나 수용하지 않는다면, 당신에게 남은 유일한 선택은 반자본주의적 입장뿐이다. 극좌파가 사용하는 용어인 반자본주의는 미국에서 자본주의를 압도할 가능성도 없고 바람직하지도 않다.

냉전 배경의 할리우드 영화에서는 물론 전통적인 경제 이론에서도 자본주의는 공산주의와 대결한다. 그런데 보수주의자들과 많은 다른 미국인들은 공산주의를 사회주의나 마르크스주의와 구별하지 않는다. 이들은 이 셋을 다 싸잡아서 본질적으로 악하다고 보는 반면, 자본주의는 본질적으로 선하다고 믿는다. 진보 시장을 수용하여 논의하면, 이 거짓 이분법의 독성은 해소된다.

계급투쟁class warfare**과 부의 재분배**redistribution of wealth라는 용어는 마르크스주의 맥락에서 나왔다. 이 용어를 보수주의자들이 차용해 자유방임 시장에 반대하는 사람들을 조롱하는 용어로 만들었다. 그들은 공산주의의 실패가 (민주당원들처럼) 부의 재분배나 소득 재분배를 말하는 모든 사람들이 신빙성을 결여했다는 확실한 증거라고 가정한다. 이것은 민주당이 바라는 쟁점이 아니다. 재분배 프레임은 두 가지를 암시한다. 첫째, 재분배는 사람들이 이미 가지고 있는 것을 빼앗아서 (적어도 전문적인 측면에서는) 스스로 벌지 않은 사람들에게 그것을 주는 것이다. 이것은 불공정하게 들린다. 둘째, 이것은 이 쟁점을 오직 돈의 문제로 만들어버린다. 하지만 이 쟁점은 돈의 문제를 훨씬 넘어선다. 여기서 도덕적 관심사는 평등한 역량강화와 보호이다. 이것은 돈과 연결되어 있지만, 그 핵심은 결코 돈 그 자체가 아니다.

이것은 또한 **부자들에게 세금을 매겨라**Tax the rich라는 어구가 사람들을 오도하는 이유이다. 여기서 쟁점이 되는 것은 돈 그 자체가 아니라, 돈으로 살 수 있는 역량강화와 보호이다. 부자들에게 공정하게 세금을 매기는 것은 좋은 생각일 수 있다. 거대한 부는 정치적 힘을 비롯한 귀중한 자원의 통제를 허용한다. 마치 돈만이 쟁점인 것처럼, 정치적 힘을 소유한 사람들을 단지 **부자들**이라 칭하면 이 정치적 힘은 은폐된다. **부자들에게 세금을 매겨라** 프레임은 어떤 진보적 가치도 담고 있지 않다.

보수주의자들은 소득 재분배를 주창하는 사람들과 관련하여 마르크스주의 용어인 **계급투쟁**을 자주 사용한다. 좌파의 일부는 계급투쟁 프레임을 수용해왔다. 하지만 그들은 부자들이 가난한 사람들을 상대로 계급투쟁을 벌이고 있다는 주장으로 이 프레임 내에서 시각 전환을 시도한다. 이 시도는 두 가지 이유 때문에 성공하지 못한다. 첫째, **계급투쟁**은 가난한 사람들이 부자들과 싸우고 있음을 지칭하지 그 역을 지칭하지 않는다. 둘째, **계급투쟁**은 마르크스주의자들이 이 용어를 사용했던 상황을 강하게 떠오르게 한다. 설령 당신이 이 용어를 마르크스주의적인 의미로 사용하고 있지 않다 하더라도 말이다. 민주당과 지지자들은 **계급투쟁**이라는 용어를 사용하지 말아야 한다.

■ 가정의 자유 ■

남성 지배의 틀을 깨는 언어들

엄격한 아버지 가정 모형에서 어머니는 아버지의 권위를 지원하는 부하이다. 아버지는 성과 생식에 관한 최종 발언권을 지니며, 주요한 생계부양자이자 보호자이며 결정권자이다. 이 모형은 남성 지배를 보존하는 방식으로 정치에 그대로 사상된다. 배우자와 부모에게 낙태에 대해 미리 통지하도록 규정한 보수적인 입법은 이 사상寫像의 귀결이다. 보수적인 하원이 2012년 '여성 폭력 방지법' 개정을 거부했다. 건강보험안에서 경구피임약 구입비용을 제공해야 한다는 규정을 취소하려는 이 하원의 시도 또한 이 사상의 귀결이다. 반면에 이 하원은 고용주에게 종교적이거나 도덕적인 이유로 경구피임약 비용을 보험으로 보장하는 것에 반대하도록 허용한다. 그리고 당연히 보수적인 하원은 낙태를 불법화하고, 낙태에 대한 자금 지원을 차단하고, 강압적으로 낙태를 없애고자 끊임없이 시도한다.

민주당을 지지하는 여성들의 인도에 따라, 민주당은 이 모든 시도를 '여성에 대한 공화당의 전쟁'이라 부르고, 민주당 후보자들의 모금 활동에 이 표현을 활용하고 있다. '여성을 위한 전쟁'이라는 어구는 공화당의 정책이 여성들에게 해를 끼친다는 근거에서 옹호를 받았다. 실제로 그들의 정책은 그러한 해악을 끼친다. 더욱 중요하게도, 민주당은 이 운동을 통해 무당파 여성들이나 심지어 공화당 성향 여성들의 지지를 이끌어낼 수 있다고 생각한다. 민주당은 '여성을 위한 전쟁' 프레임이 정치적 승자라고 생각한다. 하지만 보수적인 인사인 러시 림보가 하는 이 말이 더 효과적이다. "공화당원들은 여성과 데이트하고, 여성과 결혼하고, 여성에게서 자녀를 낳는다. 그들은 여성을 저녁식사에 초대한다. 그들은 여성에게 다이아몬드를 사주고 자동차 문을 열어준다. 그런데도 공화당은 여성에 대한 이 전쟁을 벌이고 있다. 그리고 공화당은 실제로 어떻게든 여성들의 지갑에 손을 넣고 경구피임약을 집은 다음 이 피임약을 그들에게서 빼앗으려 한다. 민주당원들은 자신들이 이 전쟁에서 승리할 것이라고 생각한다."[49]

당연하게도 림보의 회의적인 반응은 옳은 것이다. 이 '여성을 위한 전쟁'은 잘못된 프레임 형성 전략이다. 당원의 절반이 여성인 공화당이 여성에 대항해 전쟁을 벌이고 있다는 것은 절대로 믿을 수 없는 일이다. 엄격한 아버지 가정 패러다임과 보수적인 정치의 그 도덕적 상관물을 수용하는 여성들은 '여성을 위한 전쟁' 은유를 믿지 않을 것이다. 이 은유는 여성들에게 호전적이어야 하고, 마땅히 조직화하여 싸워야 한다고 말한다. 그렇지만 천성적으로 자애로운 여성들은 아무리 강하다 할지라도 호전적이 되지 않는 게 당연하다.

우리는 이 운동이 끝나지 않을 것이기 때문에 최대한 성공하기를 진정으로 소망한다. 하지만 이 운동이 여성주의 쟁점에 대해 이미 전투력을 잃은 미국 여성들을 조직화하는 데 별로 영향을 미치지 못한다 하더라도 우리는 별로 놀라지 않을 것이다. 이 운동에 관여하는 사람들은 현실적으로 이 한계를 인식해야 한다.

우리는 또한 이러한 모든 쟁점이 여성뿐 아니라 남성과도 관련이 있다는 점을 지적하고자 한다. 명심하라, 임신의 원인은 100퍼센트 남성임을. 그리고 대부분의 경우에 자녀의 출산은 여성은 물론 남성도 평생 동안 관여해야 할 일이 있다는 것을 암시한다. 임신과 낙태를 여성의 문제로 보는 프레임은 이 사실을 은폐한다. 더욱이 여성들에게 폭력을 행사하는 주범은 대부분 남성이다. 우리는 이것이 여성의 문제라는 인식을 넘어설 필요가 있다. 이 프레임은 여성을 희생자로 만든다. '여성을 위한 전쟁' 프레임처럼 말이다.

가정의 자유를 다루는 다른 언어 문제에 대해서도 할 말이 아주 많다. 예를 들어, **생명 존중**pro-life이라는 용어는 도덕적 언어를 사용하는 반면, **선택 존중**pro-choice이라는 용어는 소비자 언어를 사용한다. 여론을 주도하고자 하는 메시지 전달에서는 도덕적 언어가 언제나 소비자 언어를 압도한다. 더욱이 선택에 초점을 맞춤으로써, 진보의 언어는 선택을 위한 기준—즉 이른바 찬성과 반대 목록—을 불러낸다. 마치 달갑지 않은 임신이나 강요당한 임신이 있는 것처럼 말이다. 선택은 프레임을 만드는 과정에서 많은 부정적 측면을 부각하는 용어이다.

많은 여성들에게 임신 예방의 쟁점은 자유, 즉 자신의 삶을 자신이 원하는 대로 살 자유의 문제이다. 당신은 이것을 자유 존중의 쟁점으로 간주할 수 있다. 이것은 또한 당신에게 의미가 있는 문제—가족을 갖는다는 것—일 수 있다. 그래서 이것은 가족 존중의 쟁점, 즉 가정의 자유라는 문제이다.

산아제한birth control과 경구피임약birth control pills이라는 용어는 대재앙이다. 진정한 쟁점은 임신 예방pregnancy prevention이다. 출산birth이라는 낱말은 완전한 형태의 아이와 해산하는 여인—흔히 자신의 삶에서 가장 행복한 순간을 맞는—이 들어 있는 프레임을 갖는다. 그렇지만 이것은 남성과 여성이 달갑지 않은 임신을 피하는 것과 아무런 관련이 없다.

마찬가지로 낙태abortion라는 용어도 우리를 오도하는 속성을 지니고 있다. '임무 수행을 중단하다aborting a mission' 라는 말을 할 때, 우리는 의도적이었고 예정에 있던 어떤 임무를 지칭한다. 애초의 생각은 그 임무를 최후까지 가지고 가는 것이었다. 달갑지 않은 임신에서 일어나는 일은 결코 이러한 것이 아니다. 이 임신은 의도하지도 계획하지도 않은 것이었으며, 따라서 끝까지 끌고 갈 의도가 전혀 없었다. 오히려 소망하는 것은 발달의 차단developmental prevention, 즉 어떤 발달도 일어나지 못하도록 차단하는 것이다. 배반포 단계에서 배아기로의 발달이든, 배아기에서 태아기로의 발달이든, 태아기에서 인간의 완전한 형태를 갖추지는 못한 단계나 인간으로서 독자적으로 생존 불가능한 단계—즉 자궁 밖에서는 생명을 유지할 수 없는 인간 단계—로의 발달이든 어떤 단계에서나 발달은 차단할 수 있다. 발달의 차단이 빠를수록 여성에게는 더 좋다.

부분 출산 낙태partial birth abortion라는 용어는 한 보수적인 언어 전문가가 고안했다. 이 용어는 소름끼치는 영상을 떠오르게 한다. 이것이 이 용어의 노림수였다. 하지만 그러한 것은 실재하지 않는다. 이 영상이 표상한다고 생각되는 의학적 상태는 태내 아이가 생존할 수 없는 상태이다. 그에게 뇌가 없기 때문이든 어떤 다른 끔찍한 조건 때문이든 말이다. 그리고 보통은 엄마의 생명이 위험에 처한다. 이것은 해산과도 아무런 관련이 없고, 발달을 차단할 통상적인 이유와도 전혀 관련이 없다.

아이를 갖고자 할 때, 부부는 자궁에서 다 자란 뒤 태어날 아이의 모습과 어머니가 성공적으로 해산한 아이의 모습을 떠올린다. 이 단계에서 적절한 용어는 분명히 아기baby이다. 부부는 출산 후 단계를 미리 생각하기 때문에, 보통 이 동일한 낱말—즉 baby—로 앞선 단계를 지칭한다. 이것은 완벽히 자연스럽다. 완벽히 자연스럽지는 않은 것은 발달 차단의 경우에 이 동일한 용어를 사용하는 것이다. 이러한 단계가 무엇이든 이것을 지칭하는 적절한 용어가 있다. 거의 모든 경우에 이 용어는 배반포blastocyst나 배아embryo, 태아fetus이다.

어머니mother라는 용어는 가장 흔하게 서로 합치하는 몇 개의 프레임을 동반한다. 출산 프레임에서는 아이를 해산하는 여성이 어머니이다. 양육 프레임에서는 아이를 기르는 여성이 어머니이다. 결혼 프레임에서는 아이의 아버지와 혼인 상태에 있는 여성이 어머니이다. 그리고 유전 프레임에서는 아이의 유전자 망의 절반을 준 여성이 어머니이다. 전형적인 경우에는 이 모든 프레임이 일치한다. 그러나 이 프레임들이 서로 일치하지 않을 때 우리는 **산모**birth mother나 **생모**biological mother, **계모**stepmother, **양모**foster mother와 같은 특별한 용어를 사용한다.

그렇지만 이 모든 경우, 어떤 어머니가 존재하려면 아이가 태어나야만 한다. 발달 차단을 추구하는 여성은 어머니가 아니라 그냥 여성이라 칭해야 한다. 그러나 보수적인 정치 담론에서는 적어도 수정란을 지닌 여성을 어머니라고 칭한다. 언어를 이렇게 특별하게 사용하는 데에는 어떤 정치적 목적이 있다. 이러한 언어 사용은 발달을 차단하고자 하는 여성에게 이미 어머니라는 이유로 수치심을 안기는 수단이다. 발달 차단의 경우에 어머니는 아기 살인죄로 기소당할 수도 있다. 이것은 끔찍한 결과를 낳을 수 있는 정치적 언어 사용이다.

경쟁과 탐욕을 넘어서는 언어들

2012년 4월 3일, 오바마 대통령이 극단적인 보수적 예산을 '얄팍한 사회적 다윈주의'라고 지칭했을 때,[50] 미디어는 그가 의미하는 바를 설명하려고 애쓰면서 거칠어졌다. 곧 살펴보겠지만, 그는 상황을 정확히 이해했다. 그러나 이 지칭을 이해하기 위해서는 진정한 다윈주의와 사회적 다윈주의의 차이를 인식해야 한다. 이 차이는 애매하다. 그래서 민주당은 때때로 이것을 정확히 파악하지 못한다.

다윈주의Darwinism라는 낱말에는 아주 다른 두 가지 의미가 있다. 이 낱말은 단순히 다윈의 진화론을 지칭할 수 있다. 또한 이 낱말은 다윈 시대의 보수주의자들이 다윈의 이론에 대해 해석했던 거짓 해명을 지칭할 수 있다. 이 해명은 "오직 최적자나 최적 조직만이 번성하는 경쟁적 환경이나 상황과 관련이 있다거나, 그러한 환경이나 상황이 된다"는 것이다. 이 거짓 해명은 지금까지 아주 흔하게 반복되었으며, 그 결과 공적 담론으로 들어와 있다. 이 해명에서 최적의는 개인적 힘을 지칭한다. 이것은 허버트 스펜서와 다윈 시대의 다른 보수주의자들이 대중에게 퍼뜨린 사회적 다윈주의이다. 그러나 다윈의 실제 이론에서 최적의라는 낱말은 어떤 생태적인 적소에 가장 잘 적응한다는 것을 의미한다. 가장 잘 살아남았던 종들은 자신들의 적소에 잘 적응했다.

다윈은 개인적으로 자신의 이론에 대한 보수적인 해석과 경쟁했다. 바로 《종의 기원》에서 그는 이렇게 말했다. "나는 이 용어 생존경쟁을 거대한 은유적 의미로 사용한다. 이 은유적 의미에는 한 존재가 다른 한 존재에 의존한다는 의미와, (더욱 중요하게도) 개체가 생존하는 것은 물론 후손을 성공적으로 남긴다는 의미가 들어 있다. 결핍의 시대에는 개과의 두 동물이 서로 투쟁을 하여 식량을 얻고 생존한다고 말하는 것이 참일 수 있다. 사막의 가장자리에 있는 한 식물은 가뭄에 대항해 살아남기 위한 투쟁을 한다고들 말한다. 이 식물이 습기에 의존한다고 말하는 것이 더 적절하지만 말이다."[51]

다윈은 경쟁이 아니라 감정이입과 협동을 인간과 동물의 자연스러운 속성이자 동물 종의 생존에서 가장 중요한 요소라고 기술했다. "우리는 우리 자신의 고통스런 느낌도 해소하기 위해서 다른 사람의 고통을 해소해야 한다는 압박감을 받는다." 다윈은 감정이입이 종의 생존에 아주 중요하다고 주장했다. "아무리 복잡한 방식으로 시작되었다 할지라도, 서로를 돕고 보호하는 모든 그러한 동물들에게 아주 중요한 감정이므로, 이 감정은 자연의 선택을 통해 확대될 것이다. 왜냐하면 가장 많은 수의 가장 온정적인 구성원을 포함하는 그러한 공동체가 가장 번성하고 가장 많은 수의 후손을 양육할 것이기 때문이다."

다윈은 감정이입이 종 생존의 열쇠라고 믿었을 뿐 아니라, 이 감정 속에서 가장 위대한 사회적 덕을 보았다. "인간이 문명 속에서 발전하고 작은 부족들이 거대한 공동체로 통합되듯이, 가장 단순하게 생각해 보아도 각 개인은 비록 개인적으로는 모르는 사이일지라도 같은 나라의 모든 구성원들에게로 자신의 사회적 본능과 공감을 확대해야 한다는 것을 알 수 있다. 일단 이 지점에 이르게 되면, 인공적인 장애물만이 그의 공감이 모든 나라와 모든 민족의 구성원들에게로 퍼져나가는 것을 방해한다."

간단히 말해, 다윈주의의 진정한 가치는 진보적인 민주당의 가치와 일치한다. 그래서 민주당은 이렇게 말해야 한다. 민주당은 다윈적 감정이입과 다윈적 협동, 다윈적 사회결속이라는 말을 해야 한다. 다윈이 관찰했던 것처럼, 우리는 타인들에게 감정이입을 하고 그들과 협동하도록 진화했다. 감정이입과 이를 바탕으로 행동하는 책임의식 덕택에 인간 종은 살아남았고, 사회는 지속하고 번성했다.

오바마 대통령의 말은 때때로 다윈과 아주 비슷한 생각으로 들렸다. 2008년 오바마는 미국의 '감정이입 결핍'을 반복적으로 언급했다. 2008년 4월 1일 NBC 〈투데이Today〉 쇼와의 인터뷰에서 앤 커리가 "모친께서 당신에게 가르친 최고의 교훈은 뭐죠?"라고 물었을 때, 오바마는 이렇게 대답했다. "감정이입이에요. 반드시 당신에게 다른 누군가의 눈을 통해서 세상을 보고 그들의 입장에 설 수 있도록 하는 것 말이에요. 이것이 바로 친절과 공감의 토대라고 생각해요." 다음은 오바마가 2008년 3월 19일 텔레비전 쇼 〈앤더슨 쿠퍼 360Anderson Cooper 360〉에 나와 했던 말이다. "애국심의 핵심은 이러한 것들이다. 우리는 서로를 보살피고 있는가? 우리는 이 나라를 건국한 선조들의 가치를 떠받들고 있는가? 그리고 우리는 미래 세대를 위해 기꺼이 희생하려 하는가?"

다윈은 동물 세계에서든 인간 세계에서든 감정이입이 사회적 단결을 이끌어낸다는 점에 주목했다. 현대 신경과학에 따르면, 원숭이의 뉴런 체계와 인간의 뉴런 체계는 둘 다 진화적 유산 중 가장 필수적인 이 유산의 기제를 보여준다. 오바마는 이 점을 이해했으며, 극단적인 보수주의자들이 1세기 이상에 걸쳐 다윈의 이론을 자신들의 목적에 따라 사회적 다윈주의로 비틀었다는 사실도 이해했다. 사실 사회적 다윈주의는 어떤 형태의 다윈주의도 아니다. 이것은 각자도생 사회에서 항상 경쟁하고 있는 개인들이 지닌 극단적인 보수적 도덕성의 한 형태일 뿐이다. 보수주의자들은 왜 다윈주의를 이렇게 이해하고자/오해하고자 했던가? 경쟁과 탐욕을 현재 우리 정체성의 자연스러운 일부로 보는 자신들의 사회관을 자연스럽게 만들려는 목적이었다. 장기적인 측면에서 이 곡해를 진지하게 되받아치는 유일한 길은 규칙적으로 진정한 다윈주의를 인용하고 그 차이점을 지적하는 것이다.

여기서 문제는 경쟁이라는 주제가 미국 문화와 정치, 경제에 너무 깊숙이 들어와서 민주당조차 경쟁을 토대로 많은 정책을 펼친다는 것이다. 평등은 경쟁의 공정성이라 정의된다. 가령 인종과 성, 성적 취향을 논의하면서 〔**평평한 운동장**level playing ground〕 은유를 동원하는 경우를 생각해보라. 교육은 좋은 급여의 직업을 위한 더 높은 수준의 경쟁을 장려한다고 정의된다. 에너지 정책은 깨끗한 에너지원과 더러운 에너지원 사이에서 경쟁을 추구하는 것이라고 간주된다.

오바마 대통령의 '정상頂上으로의 경주' 계획안은 많은 층위에서 〔경쟁〕 은유를 교육에 적용한다. 가장 먼저 이 경쟁은 추가적인 교육 기금을 지원받기 위한 주들 사이에서 이루어진다. 그다음에는 공립학교들이 서로 경쟁하고 차터스쿨과도 경쟁한다. 그래서 '성적 부진 학교들failing schools'은 벌로 폐교를 당한다. 교육 자체가 경쟁이 된다. 이 경우에 학습은 시험 경쟁에서 승리하는 것이라 정의된다. 그리고 교수教授 활동은 누가 가르치기 경쟁에서 가장 뛰어난가를 확인하기 위한 교사들 사이의 경쟁이 된다. 이 경쟁에서 교사들은 상으로 성과급을 받고 벌로 해고의 위협을 받는다. 진보적인 교육자들은 '정상으로의 경주' 계획안으로 심하게 동요한다. 바로 이 계획안이 비판적 사고와 자아실현, 다중지능, 감정이입, 협동이라는 진보적 가치를 포기하기 때문이다. 오바마 대통령에게 진보적 가치가 있다면, 그러한 가치는 '정상으로의 경주' 계획안의 어디에 들어 있는가?

2008년 '아버지의 날' 연설에서, 오바마는 자녀를 교육할 부모의 책임과, 자녀들에게 책임감과 감정이입은 물론 탁월성 감각을 주입하는 역할을 언급했다. 오바마는 또한 공정성—즉 모든 사람이 사회에서 동등한 기회를 갖는 것—에 대해 반복적으로 언급했다. 스포츠팬이자 농구선수로서 오바마는 미국 사회에서 경쟁이 수행하는 엄청난 역할과, 경쟁이 우리의 실력 배양과 탁월성 함양에 기여할 수 있다는 사실을 인정한다. 우리는 오바마 대통령이 이 시각에서 '정상으로의 경주' 계획안을 바라본다는 생각이 든다. 시험은 경쟁의 형식이다. 시험을 잘 보는 방법을 배우는 것은 실력 배양에 도움이 된다. 좋은 성적은 탁월성의 증거이다. 객관식 시험은 공정하고 모든 사람에게 좋은 성적을 낼 동등한 기회를 부여한다. 이것은 경쟁에 대한 진보주의 유형이다. 그러나 이 시각은 '정상으로의 경주' 계획안이 본유적으로 보수적인 교육 모형이라는 사실을 바꾸지 못한다.

'정상으로의 경주' 계획안이 또한 〔많음은 위〕 은유(와 〔많음은 좋음〕 은유)와도 관련이 있다는 점에 주목하라. 가령 더 높은 지능more intelligence, 더 많은 돈, 더 많은 위엄, 더 많은 절제, 더 좋은 품성more character 등의 표현을 보라. 이것은 상류층, 중산층, 하류층 등의 용법과 일치한다. 오바마가 늘 말하는 식으로 중산층에 대해 말하면 상류층·하류층 프레임도 활성화된다. (경제적·사회적 신분의) 상승이 이 프레임을 활성화하는 것처럼 말이다. 심지어는 번영이 최상위층으로부터 흘러내린다는 개념을 부정해도 이 프레임은 활성화된다. 따라서 가난한 사람들이 맨 아래에 있다는 함축 역시 이 프레임을 활성화한다. 여기서 우리는 얼핏 눈에 들어오는 것보다 훨씬 더 많은 것을 말하고 있다. 〔많음은 위〕이다. 〔힘은 위〕이다. 〔정상 기능은 위〕이다. 〔신성은 위〕이다. 수직성의 측면에서 사람들에 대해 사유할 때마다 우리는 이 모든 은유를 떠올린다.

수직성 은유가 정치적으로 중요한 이유는, 바로 보수적 도덕성의 수중에서 놀아나기 때문이다. 〔많음은 위〕 은유와 〔도덕은 위〕 은유를 한데 묶을 때, 사람들은 '부유한 사람들은 선한 사람들'이라고 이해한다. 〔많음은 위〕 은유와 〔통제는 위〕 은유를 한데 묶으면, '더 많은 자원을 지닌 사람들이 당연히 사회에 대한 더 많은 통제권을 지녀야 한다'는 추론이 나온다. 〔많음은 위〕 은유와 〔신성은 위〕 은유의 결합은 부유한 사람들이 신과 더 가깝다라는 추론으로 이어진다. 마지막으로 〔많음은 위〕 은유를 〔정상 기능은 위〕 은유와 한데 묶으면, '높은 지위의 사람들이 우리 사회와 경제를 제대로 돌아가도록 하는 데 더 많은 기여를 한다'는 함축이 나온다. 이러한 함축으로 인해, 경영진의 상여금과 성과급은 완전히 자연스러운 현상이 된다.

상위 1퍼센트는 특수한 사례의 하나이다. 이 표현은 최상위의 사람들을 근사하게 말한다. 당신은 최상위에 있고 싶지 않은가? 부유하기도 하고 도덕적이기도 하고, 통제력도 지니고, 신에게도 더 가까이 가고 싶지 않은가? 흥미롭게도 오바마 대통령도 그의 정치적 반대자들도 최상위 1퍼센트의 진실을 말하려고 하지 않는다. 가령 2010년 미국 경제에 들어온 추가적인 소득의 93퍼센트가 상위 1퍼센트에게 돌아갔다는 사실을 말하려 하지 않는다. 현재 있는 그대로의 이 시장은 1퍼센트 시장이다.

이것이 진짜 핵심이다. 가장 부유한 1퍼센트는 언제나 존재할 것이다. 문제는 부의 차이와 권력의 차이가 어느 정도인가이다. 99퍼센트에게서 빼앗아다가 1퍼센트에게 보상하는 불균형을 유지하는 시장은 1퍼센트 시장이라 불러야 마땅하다. 자유 시장이 아니다. 자유방임 시장이 아니다. 그냥 1퍼센트 시장이다.

후기

새로운 개념과 새로운 언어를 도입하는 것은 아주 어렵다. 이러한 개념과 언어가 곧바로 제 역할을 하리라 기대하지 말라. 보수주의자들이 유리하다. 그들이 사용하는 개념들은 이미 앞선 보수주의자들이 30여 년에 걸쳐 공적 담론에 도입했기 때문이다. 관련되는 근본 개념이 이미 자리 잡고 있을 때 새로운 언어를 추가하는 것은 비교적 쉽다. 하지만 새로운 개념과 새로운 언어를 동시에 도입하는 것—그리고 아주 많이 추가하는 것—은 어렵다.

공적 담론의 유의미한 변화를 조금이나마 이끌어내려면 아주 많은 사람들이 아주 빈번하게 반복해야 한다. 지금까지 그들은 그렇게 해왔다. 우리도 그렇게 할 수 있다.

감사의 글

이 책의 중요한 구상은 캐슬린 프럼킨과 글렌 스미스, 켄 쿡, 마이클 폴란, 대니얼 캐먼과의 대화로부터 나왔다.

옮긴이의 말

'작은 정부'는 '기업에 의한 통치'

자유를 위해서/비상하여본 일이 있는/사람이면 알지

노고지리가/무엇을 보고/노래하는가를

어째서 자유에는/피의 냄새가 섞여 있는가를

1960년 4·19혁명 직후에 쓰인 김수영 시인의 시 〈푸른 하늘을〉의 한 구절이다. 시인은 노고지리의 비상 위에 얹힌 피나는 노고를 봤다. 날개를 가졌다고 해서 모두가 날 수 있는 것도, 한번 날개를 폈다고 해서 영원한 비상을 약속하는 것도 아니다. 그 자유로운 유영에서 시인은 날기 위한 수천 번의 발짓과 근육을 타고 오는 고통을 견디어낸 날개의 기억을 본 것이다. 이 시구에 가슴이 휘둘린 것이 어디 60년대뿐이었을까. 한 세대를 넘어서는 군사독재 시절, 시인의 언어를 경구처럼 붙잡고 수많은 청춘들이 무너져내린 것이 우리들 한국근대사의 자화상이다.

요즈음 한국 사회에 이 지리멸렬한 동어반복의 역사가 다시 유령처럼 우리 곁으로 다가와 있다. 무서운 속도로 진행되는 언론 길들이기, 앵무새처럼 자신들의 얘기만을 떠들어대는 종편 방송, 많은 국민들의 반대에도 집요하게 추진하는 한국사 교과서 국정화, 고용 문제의 본질을 호도하는 임금 피크제, 노동자의 고달픈 삶을 외면한 노동법 개정 등 국가 정책은 눈 감고 귀 막은 채 일방통행으로 돌진한다. 그리고 이어지는 다수의 침묵과 방관. 날개의 힘을 빼는 찰나의 순간에 죽음 같은 추락이 기다리고 있듯, 우리 삶의 '자유'도 우리들 스스로 지켜내지 않는 한, 한 순간에 날아가버리는 법이다. 그리고 그 끝은 역시 죽음 같은 몰락이다.

보수주의자들이 프레임 전쟁의 판을 주도하고 있는 미국의 정치 현실에서, '민영화'를 사악한 '약탈'이라 맹렬히 비난하고, '작은 정부'를 '기업에 의한 지배력 강화'라고 주장하며 미국인들의 현명한 분발을 촉구하는 《이기는 프레임》의 외침은 한국인들이 더 귀담아야 들어야 한다. 일련의 강압적 통치로 인해 민주주의가 퇴행하고 인권의 보루가 흔들리는 이 시점에서 이 땅의 정의와 평화, 생명을 위해 선한 싸움을 계속하는 사람들을 더 이상 외면해서는 안 된다.

1

《이기는 프레임》은 미국의 당파적인 정치 담화에 대한 간결한 안내서로, 진보가 보수의 공격에 방어하기 급급한 상황에서 벗어나 더 강력한 공격을 펼치는 상황으로 전환할 수 있는 방법을 담은 청사진이다. 언어와 정치가 어떻게 무의식 층위에서 서로 얽혀 있는지를 탐구한 저자들—조지 레이코프George Lakoff와 엘리자베스 웨흘링Elisabeth Wehling—의 분석은 흥미롭다.

저자 레이코프는 미국 캘리포니아 버클리대학UC Berkeley 언어학과와 인지과학과의 교수이다. 그는 현재는 재정난으로 문을 닫았지만 비당파적인 진보주의 연구기관인 로크리지연구소The Rockridge Institute를 설립하여 운영했으며, 국제인지언어학회의 초대 회장을 지냈으며 인지언어학의 창시자 중 한 사람이다. 레이코프는 인지언어학에서 뛰어난 학문적 성과를 일구었는데, 특히 은유가 본질적으로 언어의 문제가 아니라 사고 과정의 문제이며 인간의 인지 과정의 많은 부분이 본질상 은유적이라고 주장하는 개념적 은유 이론으로 유명하다. 《삶으로서의 은유Metaphors We Live》(1980/2003)에서 처음 등장한 이 은유관은 《여자와 불, 그리고 위험한 것들Women, Fire and Dangerous Things》(1987)과 《냉철한 이성을 넘어서More Than Cool Reason》(1988), 《몸의 철학The Philosophy in the Flesh》(1999)에서 세련되게 다듬어져왔으며, 법과 음악, 신경과학, 수학, 정치 등 다양한 분야의 학자들이 자신의 연구에 적용하고 있다.

1990년대 중반 이후 자신의 개념적 이론을 미국의 정치와 미국인의 정치적 사고를 분석하는 데 적용해온 레이코프는 미국인의 정치적 사고에 〔국가는 가정〕이라는 은유가 깔려 있으며, 미국인의 보수주의적 가치관은 '엄격한 아버지' 가정 모형에서 비롯되고 진보주의적 가치관은 '자애로운 부모' 가정 모형에서 비롯된다고 보았다. 레이코프는 이러한 주장을 《도덕의 정치Moral Politics》(1996/2002)에서 이론적으로 정립한 뒤, 《코끼리는 생각하지 마》(2004), 《생각의 갈래Thinking Points》(2006), 《자유는 누구의 것인가Whose Freedom》(2006), 《폴리티컬 마인드The Poliitcal Mind》(2008), 《코끼리는 생각하지 마: 전면 개정판The ALL NEW Don't Think of an Elephants!》(2014)에서 계속 다듬으며 미국의 사회적 쟁점을 둘러싼 진보와 보수의 프레임 전쟁에서 진보가 취해야 할 방법과 나아가야 할 방향을 계속 제시하고 있다.

한편, 공저자인 엘리자베스 웨흘링은 정치 전략가이자 프리랜서 언론인으로 이 책 이외에도 몇 권의 책을 썼다.• 웨흘링은 독일 함부르크대학에서 독일과 이탈리아, 미국의 언론과 정치적 언어, 정책의 상호의존에 특별한 관심을 갖고 사회학과 언론학, 언어학을 공부했다. 웨흘링은 이탈리아 로마의 라사피엔자대학La Sapienza, Rome University에서 대학원 과정을 마쳤다. 특히 실비오 베를루스코니 총리 시절의 이탈리아의 정치적 토론과 부시 행정부 시절의 미국의 정치적 논쟁을 연구했다. 그리고 2007년 버클리대학 언어학과의 박사과정에 들어가, 2013년 레이코프와 레지어Terry Regier의 공동지도 아래에서 충돌하는 두 가정 모형이 어떻게 미국 정치 지형을 가르는가에 대한 연구로 학위를 받았다.

웨흘링의 주요한 학문적 관심사는 정치적 소통과 인간 인지 사이의 상관관계이다. 특히 레이코프와 공동으로 미국과 유럽, 독일의 정치적 토론에서 나온 정책 제안에 깔려 있는 언어 사용과 인지 구조에 관한 연구를 수행하고 있다. 현재는 독일의 정당인 좌파당

• 2006년에 Bernhard Poerksen과 함께 쓴《언론의 경향(Trendbuch Journalismus)》과, 2009년 레이코프와 함께 쓴《뇌와 정치적 언어(의 비밀스런 힘) 들여다보기(Auf leisen Sohlen ins Gehirn, Politische Sprache, und ihre heimliche Macht)》가 그녀의 대표적 저서이다.

과 기독사회당연합의 프로그램들을 비교하여 개념적으로 분석하는 연구를 수행하고 있다. 학문적 활동 이외에도 웨흘링은 프리랜서 언론인으로 활동하고 있고 독일과 유럽의 정당이나 재단(예: 베르텔스만 재단Bertelsmann-Stiftung, 프리드리히 에베르트 재단Friedrich-Ebert-Stiftung, 독일사회민주당SPD, 유럽사회당PES, 유럽여성로비European-Women-Lobby)의 컨설턴트로서 일하고 있다.

2

레이코프와 웨흘링은 《이기는 프레임》의 성격을 미국의 현재 정치 상황에서 즉시 이용할 수 있도록 쓴 입문서라고 밝히고 있지만, 이 책의 토대는 훨씬 더 심오하다. 이들은 오늘의 쟁점을 깊숙이 파고들어 경쟁하고 있는 두 가지 정치적 세계관—진보주의와 보수주의—이 도덕적 가치와 프레임 형성 방식에서 어떻게 차이가 나는지를 밝혀낸다.

미국의 정치에서 진보와 보수는 '자유' '정의' '평등' '공정성' 등의 개념이 중요하다는 데에는 동의하지만 이러한 개념을 각자 완전히 다르게 해석하고 있다. 또한 진보적인 민주당과 보수적인 공화당은 낙태, 환경 보호, 총기 규제, 소송 제한, 동성 결혼, 세금 인상 등 모든 쟁점에 대해서도 정반대의 입장을 취한다. 구체적으로 보수주의자들은 낙태와 환경 보호, 총기 규제, 세금 인상에 반대하고 공익 소송의 손해 배상액에 한도를 두는 소송 개혁에는 찬성을 하는 반면, 진보주의자들은 각각의 쟁점에 대해 정반대의 견해를 펼친다.

레이코프와 웨흘링은 진보와 보수의 이러한 대립적인 입장이 어디에서 비롯되는가를 개인과 정부의 관계에 대한 은유—즉 〔국가는 가정〕 은유—에 근거하여 해명한다. 미국인들은 국가를 가정을 통해 이해하고, 마음속에 이상적인 가정에 대한 상이한 두 가지 모형을 지니고 있다. 하나는 '엄격한 아버지 가정' 모형이고 다른 하나는 '자애로운 가정' 모형이다. 이 두 가정의 도덕적 가치관은 서로 다르며, 이러한 차이가 진보와 보수의 상이한 정치적 세계관으로 이어진다는 것이 저자들의 해명이다. 엄격한 아버지 가정 모형에서는 도덕적 권위인 아버지가 정한 일련의 규칙에 자녀는 절대적으로 복종해야 하는 반면, 자애로운 가정 모형에서는 아버지와 어머니가 동등하며 두 사람이 함께 감정이입과 책임감으로 자녀를 양육함으로써 타인을 배려하고 존중하는 환경을 조성한다. 이 두 가지 가정 모형의 상이한 도덕성은 국가 운영에 대한 근본적으로 다른 두 가지 도덕체계로 이어진다. 진보의 정치적 세계관은 '자애로운 부모 가정' 모형의 도덕적 가치에서 나오고 보수의 정치적 세계관은 '엄격한 아버지 가정' 모형의 도덕적 가치에서 나온다는 것이다.

한마디로, [국가는 가정] 은유는 미국인들의 전체 세계관을 구조화하며, 우리 뇌 속의 전체 프레임 체계를 조직화한다. 이 은유에 따르면, 고국은 집이고 국민은 형제자매이며 정부는 부모이다. 국민에 대한 정부의 의무는 자녀들에 대한 부모의 의무이다. 부모가 자녀들을 보호하고 양육하듯이 정부는 국민을 보호하고 국민의 역량강화를 도모한다. 부모가 자녀에게 돈과 먹을 것을 주듯이 정부는 국가의 경제를 이끌어간다. 부모가 가정에서 우리를 훈육하듯이 정부는 공교육을 통해 우리의 시민적 역량을 길러준다.

진보적 세계관의 핵심적 가치는 감정이입과 책임이다. 감정이입은 다른 사람과 유대를 맺고 다른 사람이 느끼는 것을 느끼며, 자신을 다른 사람이라고 상상하고, 따라서 다른 사람들에 대해 가족적 친밀감을 느끼는 능력이다. 책임은 자신을 보살피는 개인적 책임뿐만 아니라 자신과 자신의 가족을 보살피는 사회적 책임을 의미한다. 보호와 성취, 자유, 기회, 공평성, 평등, 번영, 공동체 등이 감정이입과 책임감에서 나오는 진보주의의 핵심적 가치들이다. 따라서 진보주의자들이 공익과 자유 신장, 인간 존엄성 보호, 다양성 존중이라는 정치적 원칙을 중시하는 것은 당연하다. 반면에 보수적 세계관의 핵심적 가치는 권위와 통제, 절제, 위계이다. 이러한 가치는 악한 세상에서 가정을 지켜주는 강한 아버지의 권위와 그 권위에 대한 순종을 강조하는 엄격한 아버지 모형에서 나온다. 가정에서 아버지의 권위가 절대 복종을 요구하듯이, 국가에서 정치적 지도자도 절대적인 도덕적 권위이며 따라서 마땅히 존중받아야 한다. 보수의 세계관에서는 당연히 도덕적 권위와 개인적 책임, 자유 시장, 자수성가를 중시한다.

3

유권자들은 자신들의 이익이 아니라 옳다고 믿는 가치—즉 도덕적으로 의미가 있는 것—에 따라 투표한다. 하지만 지금까지 미국의 민주당은 너무도 흔히 자신들의 도덕적 가치를 정책에 연결하는 언어를 사용하지 못했다. 도덕적 가치를 정책에 명확하고 강력하게 연결하는 방법을 예시하고 있는 《이기는 프레임》은 경제와 의료보험, 여성 문제, 에너지 정책, 환경 정책, 교육, 식품 정책 등 우리 시대의 가장 급박한 쟁점들을 논의하는 데 유용한 실천적인 조언을 하고 있다. 극단적인 보수주의의 세계관이 정치적 담론을 지배하는 방식을 파헤치면서, 저자들은 구체적으로 미국의 진보가 도덕적 토대 위에서 정치적 담론을 되찾아오기 위한 싸움을 어떻게 벌여야 하는지를 보여주고 있다.

저자들은 정부 기능의 민영화를 두고 미국의 보수와 진보가 벌이는 프레임 전쟁에서 진보적인 민주당에게 고유의 가치에 충실한 프레임을 만들어 수세적인 상황에서 벗어나 정치적 담화를 주도하는 우세한 상황으로 전환하라고 조언한다. 정치에 대해 생각하고 말하는 방법을 완전히 바꾸도록 조언하는 핵심은 정부의 공공성을 강화하라는 것이다. 미국의 정치 현실에서 보수적인 공화당은 국민을 보호하고 모든 국민들의 동등한 역량강화를 도모하는 정부의 공적인 기능이 국민의 자유를 침해한다고 보며, 가능한 한 정부의 많은 부문을 민영화하려고 시도하고 있다. 반면, 미국의 진보주의자들과 민주당은 자신들의 정체성을 보여주는 도덕적 가치인 책임과 감정이입—자애로운 부모 가정의 도덕관에서 나오는—에 근거하여 자신들 고유의 주장을 펼치기보다 공화당과 보수주의자들의 주장을 부정하기에 급급한 모습을 보여주며 오히려 그들의 가치를 더 강화해주고 있다.

모든 시민들이 인간적인 존엄성을 유지하며 고상한 삶을 영위해 가던 '아메리칸 드림'의 미국은, 자신은 물론 동료 시민들의 안녕을 책임지고 서로를 보살핀다는 진보적인 가치—책임과 감정이입—를 바탕으로 건설되었다. 이 시절, 미국의 정부는 시민들이 함께 제공하는 공적 자원—고속도로, 공공건물, 깨끗한 물, 하수구 체계, 경찰, 법원, 공교육, 공공의료 등—을 사용해 모든 시민들에게 동등한 보호와 역량강화를 제공하고자 애썼다. 이러한 공적인 자원을 통해 개별 시민들은 고상한 사생활을 향유할 수 있었고 사기업은 번성할 수 있었다. 하지만 미국의 보수는 자유를 "타인들의 이익에 관심을 두지 않고 자신의 사익을 추구"하는 것이라고 정의하며, 이 '공적인 것'을 향해 뿌리 깊은 적대감을 표출한다. '작은 정부'와 '(큰 정부의) 낭비'라는 표현에 담긴 이 적대감은 바로 "공적인 자원을 제공함으로써 모든 시민들을 똑같이 보호하고 그들의 역량을 똑같이 강화하는 정부의 역할을 겨냥한다".

저자들에 따르면, 현재 세금 인상을 거부하고 재정 적자를 유발하여 전면적인 민영화를 시행하려는 극단적 보수주의자들로 인해 시민들에게 품위 있는 삶과 사기업의 번성을 가능케 하는 미국의 모든 공적 자원들이 위험에 처해 있다. 대부분의 민영화는 공공재의 가격 인상을 불러 시민들의 삶을 더욱 힘들게 하기 때문에 약탈적이며, 민영화의 본질은 정부의 통치 기능을 아무런 책임도 지지 않고 최대의 이익을 추구하는 사적인 '기업'에게 넘기는 것이다.

4

정치는 모두 도덕 프레임에 근거하기 때문에, 모든 정책도 역시 도덕 프레임과 관련이 있다. 현재 미국인들이 자기 나라 미국을 정반대의 방향으로 이끌 두 가지의 도덕적 선택에 직면하고 있음을 보여주는 분명한 이슈는 의료보험제도 개혁이다. 아메리칸 드림이 사라진 현재의 미국에서 미국인들의 삶을 고달프게 만드는 가장 중요한 요인은 비싼 의료제도이다. 의료를 상품으로 보는 보험회사가 주도하는 의료보험제도를 오바마 대통령은 공적인 성격의 의료보험제도로 바꾸려고 시도했으나 공공의료보험이 개인과 시장의 자유를 침해한다고 주장하는 보수적인 공화당의 강력한 반발에 부딪쳐 실패하고 '저렴한 의료 법안'이라는 이름의 타협안을 내놓았다. 이 법안의 핵심은 모든 미국인이 의료보험을 구입해야 한다고 강제한 '개인의 의무 구매' 조항이며, 오바마 행정부는 구입 능력이 없는 저소득층에게는 의료보험 구입비를 정부가 지원해주기로 했다.

저자들은 의료보험제도 개혁 과정에서 〔의료보험은 상품〕 은유를 채택하여 의료보험을 시장경제 프레임에 넣은 오바마 행정부의 오락가락 행태를 비판한다. 이러한 행태는 프레임 전쟁에서 보수주의자들과 공화당을 도와주는 결과를 낳았다는 것이다. 현재의 미국 의료보험과 마찬가지로 '저렴한 의료 법안' 역시 시장경제 프레임에 근거한다. 당연히 이 프레임에서는 의료보험 혜택은 미국 시민의 '권리'가 아니라 평면 텔레비전과 같이 원하는 사람이 돈을 주고 사야 할 하나의 '상품'이다. 따라서 평면 텔레비전을 갖고 싶다면 열심히 돈을 모아야 하듯이, 의료보험 혜택을 받고자 한다면 당신이 경제적 역량을 길러서 이 상품을 구입하면 되는 것이다. 한마디로, 정부는 의료보험을 제공할 도덕적 의무가 없으며, 이는 개인들이 자신의 선택에 따라 이 상품의 구입 여부를 결정할 경제적인 문제에 불과하다는 것이다.

공화당과 보수주의자들은 이 '저렴한 의료 법안'에 대해서조차 헌법에 위배된다며 반발했다. 이 과정에서 그들은 "결코 이 법안의 구체적인 어느 조항에 대해서도 반론을 펼치지 않았고, 선행조건이나 상한선이 있어야 한다."라는 말도 결코 하지 않았으며, 아예 자유와 생명의 도덕 원리에 맞는 언어로 새로운 프레임을 짰다. 그들은 이 법안을 '오바마케어'라 지칭하며, 오바마케어가 사실은 '저렴한 의료'와 아무런 관계가 없으며 '사망선고위원회'를 통해 미국 시민들의 생명을 위협하고 삶과 자유를 더욱 통제하고자 하는 '정부의 침탈'에 불과하다고 비난했다. 각계의 보수적인 언론(예: 폭스 뉴스)과 공화당원들이 이러한 언어 표현을 계속 반복하여 오바마케어를 더러운 낱말로 만들어버렸으며, 골수 보수주의 공화당 의원들은 다음 선거에서 하원을 장악하면 이 법안을 폐지할 것이라고 주장한다.

저자들은 오바마 행정부가 "동일한 도덕적 이상—자유와 생명—에 근거하여 자신들의 주장을 펼칠 기회"를 놓쳤다고 아쉬워한다. "의료보험이 없는 상태에서 중병에 걸리면, 당신은 자유를 빼앗기고 생명이 위협받는다. 사람들에게 의료보험 없이 살도록 강요하는 것은 그들의 자유를 침해하는 것이다." 민주당과 오바마 행정부는 이러한 도덕적인 반론을 토대로 의료보험 개혁에 대한 프레임을 다시 짜는 선택을 했어야 했다. 그러한 프레임에서는 의료보험이 경제적 문제가 아니라 도덕적 쟁점이며, 의료보험을 제공하는 것은 시민에 대한 정부의 당연한 도덕적 의무가 된다. 그랬더라면 '의료보험'을 각 개인이 구매해야 할 '상품'이 아닌 시민이라면 누구나 향유해야 할 '권리'로 보는 공적인 건강관리제도를 도입할 수도 있었다고 본다. 그리하여 '돈이 없어서 치료받지 못하는 상황을 두려워하는' 공포로부터 미국인들을 자유롭게 했을 것이다.

5

《이기는 프레임》은 레이코프의 이전 저서들과 상당 부분 내용이 겹친다. 하지만 신경과학에서 최근 내어놓은 개념인 '폭포수'—뇌의 구조를 설명하는 관점—를 동원하여 쟁점의 프레임이 활성화되는 방식을 해명하고 있다는 점에서나, 민영화의 본성을 '약탈적'이라는 형용사를 사용하여 더욱 명확히 규정하고 있다는 점에서는 새로운 내용을 담고 있다.

저자들에 따르면, 미국의 민주당은 유권자들에게 정확한 진실을 상세히 알려만 주면 틀림없이 그들의 지지를 이끌어낼 수 있다는 확고한 믿음에서, 감정적 유대를 이끌어내는 적절한 프레임을 만들기 위한 진지한 노력 없이 단순히 논리적 주장과 함께 자신의 이념을 제시하는 전략을 사용한다. 이것은 유권자들이 합리적 행위자이며 자기 이익에 따라 정치적 결정을 내린다는 18세기 계몽주의 이성관에 따른 전략이다. 반면에 공화당은 자신들의 이념을 뒷받침하는 효과적인 프레임을 짜서 감정에 호소한다. 1980년대 이후 대부분의 미국 선거에서 감정과 프레임 형성이 논리를 압도해왔다는 사실은 유권자가 합리적인 행위자라는 진보주의자들의 믿음이 틀렸음을 역설적으로 보여준다.

진보주의 이상이 유권자들의 마음을 사로잡게 하려면, 어떤 쟁점에 대해서든 진보의 도덕적 가치를 담은 언어 표현을 계속 반복하여 그들의 마음속에서 진보적 폭포수를 활성화해야 한다는 저자들의 주장은 미국만이 아니라 한국의 정치 상황에도 그대로 적용될 수 있다.

한국의 진보 진영은 권위와 복종, 절제의 도덕 가치가 아니라 감정이입과 책임의 도덕 가치에 충실한 프레임을 만들어내야 하며, 각각의 쟁점만을 따로 언급하기보다 더 커다란 맥락에서 도덕적 가치와 일반적 프레임, 구체적 프레임을 함께 활성화하도록 시도해야 한다. 한마디로 어떤 쟁점을 언급하든 그 쟁점에 대한 주장을 듣는 사람들의 뇌 속에 있는 진보적 폭포수를 다 활성화하라는 것이다.

한국에서 보수적인 언론과 새누리당은 자신들의 도덕 가치와 정체성에 충실한 프레임과 서사를 만들어 유권자의 마음을 사로잡는 데 능숙한 면모를 보여주었다. 그 결과 새누리당은 '경제 살리기' 프레임으로 2007년 대통령 선거에서 승리했고, 이후의 선거에서도 상대적으로 진보적인(?) 야당에게 계속 낙승을 거두고 있다. 한국의 보수는 '친서민' '녹색성장' '민영화' '선진화' '공정사회' 등의 개념을 보수 언론을 통해 계속 반복했다. 자신들이 그러한 개념의 소유자이며 대변자인 것처럼 보이고자 했던 그들의 의도는 대성공을 거두었다. 그들의 진정한 의도는 숨겨져 있다 하더라도 말이다. 국민들의 뇌에서 이러한 개념에 대한 보수적인 해석의 폭포수가 활성화되는 한, 그들이 실제로 경제를 살렸는가, 실제로 친서민적인가, 실제로 공기업의 민영화가 선진적인가, 실제로 사회가 공정한가는 중요한 문제가 아니다. 저자들의 말대로, 프레임이 사실을 압도한 것이다.

'더불어민주당'을 비롯한 한국의 진보는 주로 '그들은 친서민적이 아니다'나 '그것은 민영화가 아니다'라는 식으로 단순한 부정을 통해 대응했다. 이것은 '프레임 전쟁에서 이기려면 상대의 프레임을 사용하지 말라'는 대원칙을 위배한 대응으로 보수의 프레임을 강화해줄 뿐이다. 한국의 보수주의자들은 '공기업 선진화'라는 이름으로 정부의 역할을 사적인 민간 기업에 넘기려 하고 있다. 이미 KTX의 민영화 일정을 발표했으며, 인천공항을 민영화하려는 의도를 여전히 포기하지 않고 있다. 단순히 '민영화하지 말라'고 반대하는 것은 여전히 보수가 만들어낸 '민영화' 프레임의 덫에 갇히는 것이다. 저자들은 민영화에 대해 "정부의 공적인 기능을 기업에 넘기면 공익과 기업의 이익이 충돌할 때 기업은 필연적으로 공익을 외면할 수밖에 없다"고 단언하며, 대부분의 민영화가 약탈적이며 본질상 '기업에 의한 통치'—기업지배주의corporatocracy—에 불과하다고 정의한다.

국민건강관리공단이 운영하는 의료보험 기능을 민간 보험회사에 넘겨주려는 시도나 의료산업화를 명분으로 영리병원을 허용하려는 시도도 마찬가지이다. 공공의료 프레임 내에서 '어떤 국민에게나 보장해야 할 국가의 고유 임무를 포기하고 영리 추구를 최고 가치로 여기는 사기업에게 국민의 건강 안전을 넘기려 하고 있다'는 주장으로 맞서야 한다.

6

미국의 보수와 진보가 벌이는 프레임 전쟁에 대한 이 책의 분석은 한국의 정치 상황에도 거의 그대로 적용될 수 있다. 비록 정확히 일치한다고 할 수는 없겠지만, 한국의 정치 지형도 미국 식 양당 체제와 유사하다. 오늘 티파티와 같은 강경 보수단체의 후원으로 당선한 의원들이 지배하고 있고 극단적 참주선동가인 도널드 트럼프가 당내 대통령 선거 후보 1위로 달리고 있으며, 보수이면서도 개혁적인 인물은 씨가 말라 있고 골수 공화당원들은 게리맨더링을 이용해 전통적인 보수 우세 지역구에서 안전하게 당선된다는 점에서, 미국의 공화당은 한국의 새누리당 정치 지형과 유사하다고 할 수 있다. 공화당은 기업적 토대가 민주당보다 훨씬 더 강한만큼, 언어를 통해 유권자들의 뇌에 자신들의 도덕 가치를 활성화하는 프레임 전쟁에서 줄곧 민주당을 압도해왔다. 코카콜라 마케팅 경력의 소유자였던 골수 보수주의자 워슬린Richard Wirthlin은 1980년대 레이건의 책사로서 '이슈보다 가치에 집중하라'고 조언하는 가치 과학 캠페인으로 레이건의 성공을 주도했다. 그리고 1994년 깅그리치 하원의장을 중심으로 진행한 보수의 혁명에서는 런츠Frank Luntz가 언어를 통한 탁월한 메시지 전달 전략을 선보이며 프레임 전쟁에서 민주당을 압도했다.

2000년대 들어서 본격적으로 진행된 한국의 프레임 전쟁에서도 보수가 진보를 압도해왔다. '잃어버린 10년'이라는 단 한 마디로 민주화 운동 세력에게 무능한 집단이라는 딱지를 붙이는 데 성공했고, 종합부동산세 도입을 비롯한 세금 인상 시도에는 '세금 폭탄'이라는 어구와 프레임으로 부유층과 기업의 세금을 성공적으로 깎아주었다. 또한 진보의 '민주화' 프레임에는 '산업화' 프레임으로 대응하며 '반민주 세력'이라는 낙인에서 성공적으로 벗어났다. 나아가 보수주의자들은 '선진화' '작은 정부' '경쟁력 강화' 등의 어구를 통해 '경쟁이 곧 선'이라는 자신들의 가치를 국민들의 뇌에 성공적으로 주입함으로써 정부의 기능을 기업에 넘기는 민영화 작업을 자신들의 의도대로 밀어붙이고 있고, '의료선진화' '의료관광' '의료신기술 도입' 등의 표현으로 '의료의 공공성 훼손'과 '계층에 따른 의료 차별 초래'를 우려하는 대다수 국민들의 반발을 무시하고 의료를 거대한 이익 추구의 장으로 삼으려는 의도를 숨기며 영리병원 도입을 강행했다. 어찌되었든 탁월한 메시지 전략을 통해 자신들의 목적을 성공적으로 달성하고 있다는 점에서 한국의 새누리당은 미국의 공화당에 비유할 만하다. 아니 오히려 프레임 전쟁에서 더 큰 성공을 거두고 있다. 프레임 전쟁을 주도하는 보수의 성공이 그들의 말대로 모든 한국인들에게 행복을 주고 있는지는 사람들에 따라 판단이 다르겠지만 말이다.

미국의 정치 지형과 한국의 정치 지형 사이의 결정적인 차이는 두 나라 진보 진영이 프레임 전쟁에서 보여주는 역량의 차이에 있다. 새누리당을 중심으로 하는 한국의 보수는 미국 공화당에 못지않게 자신들의 정체성과 가치에 충실한 프레임으로 판을 주도하고 있지만, 더불어민주당—정말로 진보적인 정체성을 지니고 있는지 모르지만 극보수 성향의 새누리당에 비해서는 상대적으로 진보적인—은 프레임 전쟁의 기본 원칙조차 제대로 숙지하지 못하고 있다는 점에서 미국의 민주당과 비교할 수 없다. 비록 공화당에는 밀리고 있다 하더라도, 미국 민주당은 뇌과학과 인지과학, 신경과학의 발견을 토대로 우리의 뇌와 마음, 이성의 작동을 숙지하고 있다. 반면에 더불어민주당은 현대의 뇌과학이나 신경과학이 밝혀낸 신계몽을 이해하기는커녕 여전히 18세기 식 구계몽의 이성과 마음에 매달리고 있으니 '가치와 정체성에 충실한 프레임을 선점하라'는 이 책의 내용을 제대로 실천할 수 있을지 의구심이 든다. 이제껏 이 정당은 늘 새누리당이 짜놓은 프레임의 덫을 부정하면서 그 덫에 허덕이기만 했으니까 말이다. 여전히 독재 정권과 싸우던 민주화 투쟁 시절의 프레임에 머물러 당내에서 붕당과 계파 싸움에만 골몰하고 틈만 나면 '조금 더 오른쪽으로 이동하자'며 중도 우파 논쟁을 벌이는 모습을 보니 더욱 그러한 생각이 든다. 과연 이 정당이 자신들의 '가치'와 '정체성'을 제대로 인식하고나 있는지. 그리고 가치와 정체성에 충실한 캠페인을 할 마음의 자세가 있기나 한지. 이러한 불만과 우려는 최근 더불어민주당에서 갈라져 나간 '그들'에게도 그대로 적용된다. 과연 '그들'의 가치와 정체성은 무엇인지. 프레임 전쟁을 벌일 만한 가치와 정체성이 있기나 한지.

의료보험제도 개혁을 둘러싼 프레임 전쟁에서 문제점을 노출한 바 있지만, 오바마 행정부는 신계몽 이성에 따라 21세기 시민들의 마음을 움직일 수 있는 가치가 무엇인가를 감각적으로 알고 과학적으로 메시지를 전달하며 프레임 전쟁의 판을 뒤집어가고 있다. 이를 바탕으로 미래는 더 나아질 것이라는 희망을 이어가는 중인 미국이 부러울 뿐이다.

7

이 책을 옮기는 과정에서 많은 분의 도움을 받았다. 먼저 이 책의 이론적 틀인 인지언어학과 개념적 은유 이론을 가르쳐주신 연세대 영문학과 이기동 선생님과, 담화·텍스트 분석에 관심을 갖게 해주신 전남대 영어교육과 조명원 선생님과 서강대 영문학과 김태

옥 선생님, 의미 파악이 되지 않는 중의적 표현에 대한 의문을 친절하게 해소해준 저자의 한분인 엘리자베스 웨흘링에게 진심으로 감사드린다. 또한 원문과 대조해 초고의 적지 않은 오류를 바로잡아준 한국외국어대 영어과 박정운 선생님과 권익수 선생님, 전남대 철학과 노양진 선생님, 공주교대 김현주 선생님께 감사의 마음을 전한다. 초고의 우리말 표현을 다듬어주신 경북대 임태성 선생님과 경상대 유화정 선생님, 고전공부모임의 강정희 선생님과 정연미 선생님께도 많은 빚을 졌다. 번역 과정에서 많은 격려와 지원을 해주신 황광우 선생님과 고려대 정연주 선생님께도 진심으로 감사드린다. 마지막으로 어려운 출판계 상황에도 불구하고 이 책의 출판을 기꺼이 맡아주신 생각정원 박재호 대표님과 예쁘게 편집해주신 김준연 편집자에게도 감사드린다.

2016년 1월
나익주

후주

이 책을 읽기 전에

1. Andrea Rock, *The Mind of Night* (Basic Books, 2005)
2. George Lakoff, "What Orwell Didn't Know about the Brain, the Mind, and Language," in Andràs Szàtó, ed., *What Orwell Didn't Know: Propaganda and the New Face of American Politics* (Public Affairs, 2007), pp.67~74; Paula Niedenthal, Lawrence Barsalou, Piotr Winkielman, Silvia Krauth-Gruber, and François Ric, "Embodiment in Attitude, Social Perception and Emotion," *Personality and Social Psychology Review* 9 (2005), pp.194~211; Paul Thibodeau and Lern Boroditsky, "Metaphors We Think With: The Role of Metaphor in Reasoning," *PLoS ONE* 6, no. 2 (2011); Lawrence Barsalou, "Grounded Cogntion," *Annual Review of Psychology* 59 (2008), 617~45.
3. Charles Fillmore, "An Alternative to Checklist Theories in Meaning," *Proceedings of the First Annual Meeting of the Berkeley Linguistics Society*, February 1975,

pp.123~31, online; Charles Filllmore, "Frame Semantics," in Linguistic Society of Korea, ed., *Linguistics in the Morning Calm* (Hanshin, 1985), pp.111~38; George Lakoff and Mark Johnson, *Metaphors We Live By* (University of Chicago Press, 1980); Raymond Gibbs, "Why Many Concepts Are Metaphorcial," *Cognition* 61 (1996); Jerome Feldman, *From Molecule to Metaphor; A Neural Theory of Language* (MIT Press, 2006).

4. Simon Lacey, Randall Stilla, and Krish Sathian, "Metaphorically Feeling: Comprehending Textural Metaphors Activate Somatosensory Cortex," *Brain and Language* 120, no. 3 (2012), pp.416~21; Dan Jones, "Moral Psychology: The Depth of Disgust," Nature 447 (2007), pp.768~71.

■정치와 도덕■ 모든 정치는 도덕적이다

5. Martin Lankheet, "Unraveling Adaptation and Mutual Inhibition in Perceptual Rivalry," *Journal of Vision* 6, no.4 (2006), pp.304~10.
6. Walter Bryce Galle, "Essentially Contested Concepts," *Proceedings of the Aristotellian Society* 56 (1956), pp.167~98.

■정치적 뇌■ 진보가 보수에게 당하는 결정적 이유

7. Stanislas Dehaene, *Reading in the Brain: The Science and Evolution of a Human Invention* (Viking, 2009); Antonio Damasio, "The Brain Binds Entities and Events by Multiregional Activation from Convergence Zones," *Neural Computation* 1, no. 1 (1989), pp.123~32; Anotnion Damasio and Hanna Damasio, "Cortical Systems for Retrieval of Concrete Knowledge: The Convergence Zone Framework," in Christof Koch and Joel Davis, eds., *Large-Scale Neuronal Theories of the Brain* (MIT Press, 1995), pp.61~74.

■언어■ 가치는 사실이나 숫자보다 강하다

8. Public Citizen, "Myths and Lies about Single Payer," March 2012.

9. Thibodeau and Boroditsky, "Metaphors We Think With."

10. Media Matters, "CNN's Dana Loesch: Al Gore's Climate-Change Documentary Was 'The Same Level of Propaganda' as Leni Rienfenstahl's Films," February 2, 2012, http://mediamatters.org/mmtv/201202020004.

11. Eleanor Rosch, Carolyn Mervis, Wayne Gray, David Johnson, and Penny Boyes-Braem, "Basic Objects in Natural Categories," *Cognitive Psychology* 8, no. 3 (1976), pp.382~439.

■훈육■ 엄격한 아버지 모형이 부르는 대재앙의 정책

12. Laurence Steinberg, Julie Elmen, and Nina Mounts, "Authoritative Parenting, Psychosocial Maturity, and Academic Success among Adolescents," *Child Development* 60, no. 6 (1989), pp.1424~36; Laurence Steinberg, Susie Lamborn, Sanford Dornbusch, and Nancy Darling, "Impact of Parenting Practices on Adolescents Achievement: Authoritative Parenting, School Involvement, and Encouragement to Succeed," *Child Development* 63, no. 5 (1992), pp.1266~81; Quing Zhou, Nancy Eisenberg, Yun Wang, and Mark Reiser, "Chinese Children's Effortful Control and Dispositional Anger/Frustration: Relations to Parenting Styles and Children's Sociometric Status." *Developmental Psychology* 28, no. 5 (1992), pp.925~31; Tanja Rothrauff, Teresa Cooney, and Jeong Shin An, "Remembered Parenting Styles and Adjustment in Middle and Late Adulthood," *Journals of Gerontology* 64, no. 1 (2009), pp.137~46; Philip Greven, *Spare the Child* (New York: Alfred A. Knopf, 1991).

■공격과 통제■ 극단적 보수주의의 네 가지 해악

13. "Shaheen Amendment to Restore Abortion Coverage for Military Rape Victims Bypassed in Senate," *Huffington Post*, December 1, 2011.

14. "Women in Texas Losing Options for Health Care in Abortion Fight," *New York Times*, March 7, 2012.

15. "Virginia's Proposed Ultrasound Law Is an Abomination," *Slate*, February 16, 2012.

16. "Georgia's Terry England: Women Should Carry Dead Babies to Term," *Daily Kos*, March 20, 2012.

17. Kate Randall, "U.S Women Charged with Murder Following Miscarriage," World Socialist Web Site, July 6, 2011.

18. United Nations, The Universal Declaration of Human Rights, http://www.un.org/en/documents/udhr/.

■공공성■ 사적인 것보다 공적인 것이 우선한다

19. Lucy Madison, "Elizabeth Warren: 'There Is Nobody in This Country Who Got Rich on His Own,'" CBS News, September 22, 2011, http://www.cbsnews.com/8301-503544_162-20110042-503544.html.

■국가권력■ 기업권력과 보수의 카르텔을 비판하라

20. "The Rich Get Even Richer," *New York Times*, March 26, 2012.

■자유 시장■ 기업이 우리의 삶을 지배한다

21. Cynthia S. Mutryn, "Psychosocial Impact of Cesarean Section on the Family: A Literature Review," *Social Science Medicine* 37, no. 10 (1993), pp.1271~81.

■민영화■ 고삐 풀린 민영화는 약탈이다

22. 외주의 주된 목적은 돈을 절약하기 위한 것으로, 이익을 늘리려는 기업이나 지출을 삭감하려는 공화당 정부가 주로 시행한다. 이들은 해외의 값싼 노동력을 이용하거나 복지혜택이나 연금을 제공할 책임을 회피함으로써 돈을 절약한다. 외부와의 계약은 정부 내의 흔한 일이다. 가령 국방부는 미사일이나 전투기 개발을 상당한 전문지식을 가진 외부의 회사들에게 의뢰한다. 정부는 그러한 지식을 보유하고 있지 않으며 그러한 지식을 축적할 아무런 이유도 없다. 사기업도 이와 마찬가지로 돈을 절약하기 위해 외주를 주는 것이다.

23. Thomas Gammel Toft-Hansen, "Can Privatization Kill?," *New York Times*, April 1, 2012.
24. Dana Priest, *Top Secret America: The Rise of the New American Security State* (Little, Brown, 2011).
25. Donald Rumsfeld, "The Future of Iraq," lecture, Johns Hopkins Paul H. Nitze School of Advanced International Studies, May 12, 2005.
26. "C.I.A. Sought Blackwater's Help to Kill Jihadists," *New York Times*, August 19, 2009.
27. Priest, *Top Secret America.*
28. Liz Brown and Eric Gutstein, "The Charter Difference: A Comparison of Chicago Charter and Neighborhood High Schools." Collaborative for Equity and Justice in Education, University of Illinois, Chicago, 2009, http://www.uic.edu/educ/ceje/articles/CharterDifference.pdf.
29. Mike Barrett, "Bottled Water Regulation," Natural Society, 2001, http://naturalsociety.com/bottled-water-regulation-regulated-less-than-tap-water/.
30. Paul Healy and Krishna Palepu, "The Fall of Enron," *Journal of Economic Perspectives* 17, no. 2 (2003), p.15.

■식량■ 국가 지원금이 유해 식품 생산에 쓰이고 있다

31. Giacomo Rizzolatti, Luciano Fadiga, Vittorio Gallese, and Leonardo Fogassi, "Research Report: Premotor Cortex and the Recognition of Motor Actions, *Cognitive Brain Research* 3, no. 2 (1996), pp.131~41; Vittorio Gallese, Luciano Fadiga, Leonardo Fogassi, and Giacomo Rizzolatti, "Action Recognition in the Premotor Cortex," *Brain* 119, no. 2 (1996), pp.593~609.

32. "City-Dwelling Investors Got $394M in Farm Subsidies Last Year," Alter Net, June 27, 2011, http://www.alternet.org/economy/151445/city-dwelling_investors_got_$394m_in_farm_subsidies_last_year/.

33. "If You Eat, You Need to Know," Take Part, August 6, 2011, http://www.takepart.com/article/2011/08/04/if-you-eat-you-need-know-5-facts-about-farm-bill.

34. Alisha Coleman-Jensen, Mark Nord, Margaret Andrews, and Steven Carlson, "Household Food Security in the United States in 2010," U.S. Department of Agriculture, Economic Research Service, http://www.ers.usda.gov/Publications/ERR125/.

35. Daniel Imhoff, *Food Fight: The Citizen's Guide to the Next Food and Farm Bill*, 2nd edition (Watershed Media, 2012).

36. 같은 책

37. "Big Food vs. Big Insurance," *New York Times*, September 10, 2009.

38. "Toxic Waste Use as Fertilizer on Farms Reported," *Los Angeles Times*, July 7, fornia Public Interest Research Group Charitable Trust, 2001, online.

39. Imhoff, *Food Fight*.

■자원개발■ 석유 개발 회사의 비용을 시민에게 떠넘기지 말라

40. 영어의 한 사례는 타동사 break이다. 이 동사는 무언가를 깨어진 상태에 있게 하는 직접적인 원인 행위를 나타낸다.

41. "The Keystone XL Pipeline Fails America," *Daily Kos*, February 25, 2012.
42. Ted Turner, "Stop Keystone Pipeline Before It's Too Late," CNN Opinion, February 24, 2012, http://www.cnn.com/2012/02/22/opinion/turner-key-stone-pipeline/index.html.
43. Anthony Swift, "The Keystone XL Tar Sands Pipeline Leak Detection System Would Have Likely Missed the 63,000 Gallon Norman Wells Pipeline Spill," Natural Resources Defense Council, June 10, 2011, http://switchboard.nrdc.org/blogs/aswift/the_keystone_xl_tar_sands_pipe.html.
44. Anthony Swift, "New Report: Keystone XL Will Undermine U.S. Energy Security," Natural Resources Defense Council, January 18, 2012, http://switchboard.nrdc.org/blogs/aswift/new_report_keystone_xl_will_un.html.
45. Mitt Romney on the *Charlie Sykes Show*, March 22, 2012.
46. "Mitt Romney's Illinois Victory Speech," Real Clear Politics, March 20, 2012, http://www.realclearpolitics.com/articles/2012/03/20/mitt_romneys_illinoise_victory_speech_113565.html.

■에너지■ 지속 가능한 에너지 개발의 필요성을 강조하라

47. "Survey Research Illuminating American Public Opinion on Climate and Energy," Stanford Woods Institute for the Environment, http://woods.stanford.edu/research/surveys.html.

■경제와 공공성■ 공공성의 의미를 부각하는 언어들

48. "The Two Economies," *New York Times*, April 9, 2012.

■가정의 자유■ 남성 지배의 틀을 깨는 언어들

49. "The War on Women Didn't Work," *The Rush Limbaugh Show*, March 15, 2012.

http://www.rushlimbaugh.com/daily/2012/03/15/the_war_on_women_didn_t_work.

■사회적 진화론■ 경쟁과 탐욕을 넘어서는 언어들

50. "Obama: Ryan Budget Thinly Veiled 'Darwinism,'" CBN.com, April 3, 2012, http://www.cbn.com/cbnnews/politics/2012/April/Obama-Ryan-Budget-Thinly-Veiled-Darwanism/.

51. Online Variorum of Darwin's *Origen of Species*: fourth British edition (1866), p.73.

이기는 프레임

지은이 | 조지 레이코프, 엘리자베스 웨흘링
옮긴이 | 나익주
초판 1쇄 발행일 2016년 2월 3일
초판 2쇄 발행일 2016년 3월 4일

발행인 | 박재호
편집 | 김준연, 강소영
종이 | 세종페이퍼
인쇄 · 제본 | 한영문화사

발행처 | 생각정원 Thinking Garden
출판신고 | 제 25100-2011-320호(2011년 12월 16일)
주소 | 서울시 마포구 양화로 156(동교동) LG팰리스 1207호
전화 | 02-334-7932 팩스 | 02-334-7933
전자우편 | 3347932@gmail.com

ISBN 979-11-85035-36-9 03340

* 이 도서의 국립중앙도서관 출판시도서목록(CIP)은 서지정보유통지원시스템 홈페이지(http://seoji.nl.go.kr)와 국가자료공동목록시스템(http://www.nl.go.kr/kolisnet)에서 이용하실 수 있습니다.
(CIP 제어번호 : CIP 2016001962)
* 책값은 뒤표지에 있습니다. 잘못된 책은 구입하신 곳에서 바꿔드립니다.

만든 사람들
기획 | 박재호
편집 | 김준연
교정 · 교열 | 김정희
디자인 | ZINO DESIGN 이승욱

독자 북펀드에 참여하신 분들(가나다 순)
강부원 강영미 강영애 강은희 강재웅 강주한 강태진 권은경 권진희 김기남 김기태 김동우 김명하 김민재 김병희
김봉원 김삼영 김성기 김수민 김수영 김재철 김정환 김종훈 김주연 김주현 김중기 김지수 김진성 김태수 김현
김현승 김현재 김현철 김형수 김혜원 김희경 김희곤 나준영 남요안나 노진석 박근하 박나윤 박순배 박연옥 박재휘
박준겸 박준일 박진순 박진영1 박진영2 박혜미 방세영 배동일 서가영 설진철 송덕영 송수지 송정환 송화미 신민영
신슬기 신승준 신혜경 안진경 안진영 여정훈 원성운 유성환 유승안 유인환 유지영 윤정훈 이만길 이상경 이상훈
이성욱 이수한 이승빈 이지은 임길승 임영하 임원경 장경훈 장원종 전미혜 전윤우 정두현 정민수 정영미 정윤희
정진명 조민희 조보라 조선아 조승주 조은수 조정우 최경호 최영기 최인찬 최헌영 탁안나 한성구 한승훈 함기령 허민선